영어회화 훈련북

# English Conversation Training
Situation Drill **2**

지화진  The University of Auckland 졸업 / 현 정이조 영어학원 듣기 전문 강사
정수진  Temple University (M.A. in TESOL) / 현 정이조 영어학원 듣기·말하기 전문 강사
김민호  선문대학교 통번역대학원 한영과 석사 / 현 김민호 영어학원 원장

# English Conversation Training
## Situation Drill 2

**지은이** 지화진, 정수진, 김민호
**펴낸이** 정규도
**펴낸곳** (주)다락원

**초판 1쇄 발행** 2007년 8월 10일
**초판 10쇄 발행** 2023년 1월 25일

**책임편집** 김명진
**영문교열** Michael A. Putlack
**디자인** 윤지은

**⑪다락원** 경기도 파주시 문발로 211
내용문의: (02)736-2031 내선 503
구입문의: (02)736-2031 내선 250~252
Fax: (02)732-2037
출판등록 1977년 9월 16일 제406-2008-000007호

Copyright ⓒ 2007, 김민호

저자 및 출판사의 허락 없이 이 책의 일부 또는 전부를 무단 복제·전재·발췌할 수 없습니다. 구입 후 철회는 회사 내규에 부합하는 경우에 가능하므로 구입문의처에 문의하시기 바랍니다. 분실·파손 등에 따른 소비자 피해에 대해서는 공정거래위원회에서 고시한 소비자 분쟁 해결 기준에 따라 보상 가능합니다. 잘못된 책은 바꿔 드립니다.

**값 7,000원** (교재+오디오 CD 1장 포함)
ISBN 978-89-5995-913-6 58740

http://www.darakwon.co.kr
- 다락원 홈페이지를 방문하시면 상세한 출판정보와 함께 동영상강좌, MP3자료 등 다양한 어학 정보를 얻으실 수 있습니다.

영어회화
훈련북

# English Conversation Training
Situation Drill 2

지화진 · 정수진 · 김민호 지음

다락원

# 이 책을 시작하며

국제화, 세계화의 시대인 지금, 글로벌 언어인 영어의 중요성은 날이 갈수록 강조되고 있습니다. 그러나 우리는 의사소통을 원활히 할 수 있는 언어로서의 영어를 배우기보다는 단순히 시험문제를 풀기 위한 영어를 배워온 것이 사실입니다. 많은 학습자들이 영어 시험 점수는 높아도 실제 영어 회화를 어렵고 부담스럽게 느끼는 이유이죠.

이제는 시험용 암기만으로 끝나는 영어 공부가 아니라 언어로서 이해하고 실생활에서 사용할 수 있도록 한 걸음 더 내딛는 훈련이 필요합니다. 무조건 어려운 문장들을 암기하는 것은 실제 상황에서는 쓸 수 없기도 하고 기억하기도 힘듭니다. 〈English Conversation Training – Situation Drill 1, 2, 3, 4〉는 상황별로 실생활에서 자주 이용되는 쉽고 단순한 표현들 위주로 구성되어 있습니다. Situation Drill 1은 초·중등학생, Situation Drill 3은 고등학생들을 위한 실용적인 영어 표현들을 학습하게 하였고, Situation Drill 2에서는 외국으로 유학을 가는 학생들이 현지 도착부터 그쪽 생활에 익숙해질 때까지 꼭 필요한 일상생활 표현들을 다루었습니다. Situation Drill 4는 IBT TOEFL Speaking의 입문단계로, 토플 준비 훈련이 될만한 문장 표현 익히기에 초점을 맞추고 있습니다.

영어는 하나의 언어이기 때문에 생활 속에서 지속적으로 익히는 것이 매우 중요합니다. 함께 수록되어 있는 CD를 매일 반복적으로 들으면서 상황별 대화를 이해한다면 실생활에서도 쉽게 적용하여 사용할 수 있을 것입니다.

저자

# Situation Drill_2

| | | |
|---|---|---|
| unit 1 | **At the Airport _ Departure** | 공항에서 – 출국 • 8 |
| unit 2 | **On the Airplane** | 기내에서 • 10 |
| unit 3 | **At the Airport _ Arrival** | 공항에서 – 도착 • 12 |
| unit 4 | **At the Bus Station** | 버스 정류장에서 • 14 |
| unit 5 | **Reserving a Room** | 객실 예약하기 • 16 |
| unit 6 | **Asking for Room Service** | 룸서비스 요청하기 • 18 |
| unit 7 | **Check-in and Check-out** | 체크인과 체크아웃 • 20 |
| unit 8 | **Looking for an Apartment** | 아파트 구하기 • 22 |
| unit 9 | **Renting a Car** | 자동차 렌트하기 • 24 |
| unit 10 | **Reserving a Table** | 좌석 예약하기 • 26 |
| unit 11 | **Today's Special** | 오늘의 스페셜 요리 • 28 |
| unit 12 | **Fast Food** | 패스트푸드 • 30 |
| unit 13 | **Recipes** | 조리법 • 32 |
| unit 14 | **Delivery** | 배달 • 34 |
| unit 15 | **Payment** | 지불 • 36 |
| unit 16 | **Applying for a Visa** | 비자 신청하기 • 38 |
| unit 17 | **Deciding What to Study** | 무엇을 공부할지 정하기 • 40 |
| unit 18 | **Starting a Class in the Classroom** | 교실에서 수업 시작하기 • 42 |
| unit 19 | **Having Break Time in the Classroom** | 교실에서 휴식 취하기 • 44 |
| unit 20 | **Holiday Plans** | 휴가 계획 • 46 |

# Contents

| | | |
|---|---|---|
| unit 21 | **Buying Reference Books** 참고서 사기 • 48 | |
| unit 22 | **Talking about One's Interests** 취미에 대해 이야기하기 • 50 | |
| unit 23 | **Preparing for a Test** 시험 준비하기 • 52 | |
| unit 24 | **Doing Something after School** 방과 후 활동 • 54 | |
| unit 25 | **I'm just looking.** 그냥 둘러보는 거예요. • 56 | |
| unit 26 | **Do you have a coat?** 코트 있나요? • 58 | |
| unit 27 | **Do you have these shoes in my size?** 이 신발 제 사이즈로 있나요? • 60 | |
| unit 28 | **I'd like to get a refund for this.** 이거 환불 받고 싶습니다. • 62 | |
| unit 29 | **Excuse me. I'm lost.** 실례합니다. 길을 잃었어요. • 64 | |
| unit 30 | **Where can I catch a bus?** 버스는 어디서 탈 수 있나요? • 66 | |
| unit 31 | **Take me to the JFK Airport, please.** JFK 공항으로 가주세요. • 68 | |
| unit 32 | **I want to go there on the express bus.** 고속 버스로 가고 싶어요. • 70 | |
| unit 33 | **At the Bank** 은행에서 • 72 | |
| unit 34 | **At the Hospital** 병원에서 • 74 | |
| unit 35 | **At the Pharmacy** 약국에서 • 76 | |
| unit 36 | **At the Post Office** 우체국에서 • 78 | |
| unit 37 | **At the Laundromat** 세탁소에서 • 80 | |
| unit 38 | **Answering Phone Calls at Home** 집에서 전화 받기 • 82 | |
| unit 39 | **Calling from a Home Phone** 집 전화로 전화 걸기 • 84 | |
| unit 40 | **At the Ticket Office** 매표소에서 • 86 | |

# unit 1 | At the Airport _ Departure
공항에서 - 출국

### Dialog

A  LA Airlines. <sup>1)</sup> How can I help you?

B  Hi! I am here to depart from LA and arrive in New York.

A  <sup>2)</sup> **Your ticket and passport, please.**

B  Here you are. **I'd like a window seat, please.**

A  I'm sorry. **All window seats are taken. How about an aisle seat?**

B  That will be fine.

A  <sup>3)</sup> How many bags do you have to check in?

B  **Only this one suitcase.**

A  Put your bags on the scale, please. <sup>4)</sup> **Here's your boarding pass. Boarding will start at 8:00 at Gate 7.**

---

airline 항공사
window seat 창가 쪽 좌석
suitcase 여행 가방

depart 출발하다
aisle seat 복도 쪽 좌석
boarding pass 탑승권

passport 여권
check in (짐을) 수속하여 맡기다
boarding 탑승 수속

## Situation Drill Level 2

### Let's Speak!

A  LA항공입니다. 어떻게 도와 드릴까요?
B  안녕하세요! 저는 로스앤젤레스에서 뉴욕으로 가려고 합니다.
A  **티켓과 여권을 주세요.**
B  여기 있어요. 창가 쪽 좌석을 하고 싶은데요.
A  죄송합니다. 창가 쪽 좌석이 모두 찼습니다. 복도 쪽 좌석도 괜찮겠습니까?
B  괜찮습니다.
A  부치는 가방이 몇 개나 됩니까?
B  **이 가방 하나입니다.**
A  가방을 저울에 올려 주세요. **여기 탑승권이 있습니다.** 탑승 수속은 8시에 7번 출구에서 시작됩니다.

### Learn More

1) **How can I help you?**는 '무슨 일로 오셨습니까?', '무엇을 도와 드릴까요?'라는 뜻으로 May I help you?로 바꾸어 쓸 수도 있습니다.
2) **please**는 부탁할 때나 주문할 때 말 끝에 붙여서 씁니다. 우리말의 존대말처럼 영어에서 please를 붙임으로써 부드러운 표현이 됩니다.
3) **How many ~?**는 셀 수 있는 명사 앞에 쓰며, '몇 개의 ~?'라는 질문으로 쓰입니다.
4) **board**라는 표현은 비행기에 탑승할 때 씁니다. boarding pass는 '탑승권'이라는 의미입니다.

# unit 2 | On the Airplane
기내에서

## Dialog

A   1) **Welcome aboard.** 2) **Can you show me your boarding pass, please?**

B   Here it is. 2) **Could you help me find my seat?**

A   1A is on the left side. Follow me, please. **May I take your briefcase?**

B   Yes, please. It's so kind of you.

★ ★ ★

B   **I have airsickness.** I need some pills for it.

A   Sure. 3) **Why don't you put your seat back?**

B   **Oh, I feel better. Thank you.**

A   You're welcome. **Would you like something to drink?**

B   **I'll have some water, please.**

A   Certainly, sir. I'll be right back. **Just remain seated and relax.**

B   Thank you.

---

**briefcase** 서류 가방    **airsickness** 비행기 멀미    **pill** 알약
**put back** 뒤로 젖히다    **feel better** 전보다 낫다    **relax** 안정을 취하다

## Situation Drill Level 2

### Let's Speak!

A 탑승을 환영합니다. 탑승권 좀 보여 주시겠습니까?
B 여기 있어요. 좌석 찾는 것 좀 도와 주시겠어요?
A 1A는 왼쪽에 있습니다. 따라오세요. 서류 가방을 받아 드릴까요?
B 네, 감사합니다. 정말 친절하시군요.

\* \* \*

B 저 비행기 멀미가 있어요. 약이 필요해요.
A 알겠습니다. 의자를 뒤로 젖히시는 게 어때요?
B 아, 좀 낫군요. 감사합니다.
A 천만에요. 마실 것 좀 드릴까요?
B 물 좀 주세요.
A 알겠습니다. 곧 가져다 드리죠. 좌석에 앉아서 쉬세요.
B 감사합니다.

### Learn More

1) **Welcome aboard**는 비행기에 올라탔을 때 승무원(예전에는 stewardess, steward를 많이 썼으나, 지금은 flight attendant로 씁니다)이 탑승을 환영하는 말로 '어서 오세요.' 정도의 뜻입니다.

2) **Can you ~?**는 '~해줄 수 있습니까?'라는 뜻으로 약간 더 공손한 표현의 Could you ~?로 바꾸어 쓸 수도 있습니다.

3) **Why don't you ~?**는 '~하는 게 어떠세요?'라는 표현으로 How about ~? / What about ~? 등과 같이 쓰이는 표현입니다.

# unit 3 | At the Airport _ Arrival
공항에서 - 도착

## Dialog

A  **Good afternoon.**

B  **1) Would you show me your passport and immigration card, please?**

A  Of course. **Here they are.**

B  Thank you. **What is the purpose of your trip?** Business or pleasure?

A  **I'm here for pleasure.**

B  **2) How long will you stay here?**

A  **For one month.**

B  That's good. You have a tourist visa for three months. **3) Where are you going to stay?**

A  I'm going to spend some time at my sister's place in Seattle. After that, I'm going to my brother's in California.

B  **Okay. Enjoy your trip!**

A  Thank you. Have a good day!

---

immigration card 입국 신고서   purpose 목적   business 사업
pleasure 쾌락, 오락   tourist visa 관광비자   place 집, 사는 곳

## Situation Drill Level 2

### Let's Speak!

A 안녕하세요.
B 여권과 입국 신고서 좀 보여 주시겠어요?
A 물론이죠. 여기 있습니다.
B 감사합니다. 여행의 목적이 무엇입니까? 사업차인가요, 관광인가요?
A 관광차 왔습니다.
B 여기서 얼마나 머무를 계획입니까?
A 한 달이요.
B 좋습니다. 3개월 동안 유효한 관광 비자를 받으셨군요. 어디에 머무를 예정입니까?
A 시애틀에 있는 여동생 집에서 좀 있다가 캘리포니아에 있는 형 집으로 갈 예정입니다.
B 알겠습니다. 즐거운 여행 되세요!
A 감사합니다. 좋은 하루 되세요!

### Learn More

1) **Would you ~?** 는 '~ 해주시겠습니까?'라는 뜻으로 공손한 표현입니다.
2) **How long ~?** 은 '얼마나 오랫동안 ~?'이라는 표현으로, 기간으로 대답해야 합니다. 또한 '얼마나 긴'이라는 뜻도 있어서 어떤 것의 길이를 물어볼 때도 사용하므로 상황을 잘 파악한 뒤 물음에 답해야 합니다.
3) **be going to** ~는 '~할 예정이다'라는 뜻으로 가까운 미래에 대한 설명입니다. to 뒤에 항상 동사 원형을 씁니다.

# unit 4 | At the Bus Station
버스 정류장에서

## Dialog

A  **May I help you?**

B  **Yes, thank you.** I'm staying at the Plaza Motel in town. <sup>1)</sup> **How can I get there?**

A  **You can take a cab or a bus.**

B  **Which one is better?**

A  You can choose. **A cab is faster but more expensive. The bus is cheaper but a little slow.**

B  All right. **Where can I catch a taxi?**

A  <sup>2)</sup> Why don't you use the direct line phone?

B  **How do I use it?**

A  Just pick up the direct line phone over there, and you'll get connected directly to the taxi company.

B  <sup>3)</sup> **Thank you for your help.**

A  It's my pleasure.

---

cab 택시  faster 더 빠른  expensive 비싼
cheaper 더 싼  direct line phone 직통 전화  directly 직통으로
connect 연결하다  company 회사

## Situation Drill Level 2

### Let's Speak!

A 도와 드릴까요?
B 네, 감사합니다. 시내에 있는 플라자 모텔에 묵고 있는데요. 어떻게 가면 되죠?
A 택시나 버스를 타고 가면 돼요.
B 어떤 것이 더 낫죠?
A 당신이 선택하세요. 택시는 빠르지만 비싸요. 버스는 싸지만 조금 느리죠.
B 좋아요. 택시는 어디서 잡아야 하나요?
A 택시 직통 전화를 사용하지 그러세요?
B 어떻게 사용하나요?
A 저기 있는 직통 전화 수화기를 들면, 바로 택시 회사로 연결될 거예요.
B 도와 줘서 고마워요.
A 천만에요.

### Learn More

1) **How can I get there?**는 '어떻게 거길 갈 수 있죠?'라는 뜻으로 교통수단(transportation)을 물어보는 표현입니다. 이것에 대한 대답은 '~를 타고'라는 뜻의 by ~ (bus, subway, taxi, subway...)라는 표현을 사용합니다.
2) **direct line phone**은 '직통 전화'를 말합니다.
3) **Thank you**는 '감사하다'는 말로 여기에 대한 대답은 It's my pleasure. / You're welcome. / No problem. / Not at all. 등이 있습니다.

# unit 5 | Reserving a Room
객실 예약하기

## Dialog

A  Plaza Motel. May I help you?

B  **I'd like to make a reservation. Do you have any rooms for two people?**

A  Yes, we do. <sup>1)</sup> **Would you like a twin or double room?**

B  A twin room, please. **And how much does it cost?**

A  **It costs $80 per night including breakfast.**

B  **Okay, I'll take that room. When is the checkout time?**

A  11 a.m.

B  <sup>2)</sup> **Can you give me a morning call at 7 a.m.?**

A  Sure. Also, the restaurant opens at 7 in the morning.

B  Great. Thank you.

★ ★ ★

B  I'd like to make a reservation. <sup>3)</sup> Do you have any vacancies?

A  **I'm sorry, but** <sup>4)</sup> **we're fully booked tonight.**

---

reservation 예약    cost (얼마가) 들다    per ~마다
including 포함하여    checkout 체크아웃(호텔에서 나가는 것)
vacancy 빈 방    fully 완전히    book 예약하다

**Situation Drill** Level 2

### Let's Speak!

A  플라자 모텔입니다. 무엇을 도와 드릴까요?
B  예약을 하고 싶은데요. 두 명 묵을 방이 있나요?
A  네, 있습니다. 트윈 룸을 원하세요, 더블 룸을 원하세요?
B  트윈 룸이요. 그리고 가격이 얼마죠?
A  아침 식사 포함해서 하룻밤에 80달러입니다.
B  좋아요, 그걸로 할게요. 체크아웃 시간이 언제인가요?
A  오전 11시입니다.
B  오전 7시에 모닝콜을 해줄 수 있나요?
A  물론이죠. 식당은 아침 7시에 문을 엽니다.
B  좋아요. 감사합니다.

* * *

B  예약을 하고 싶은데요. 빈 방이 있나요?
A  죄송합니다만 오늘 밤은 예약이 다 찼습니다.

### Learn More

1) **twin room** 두 개의 싱글 침대가 있는 방을 뜻하고 double room은 한 개의 더블 침대가 있는 방을 뜻하며, 싱글 침대는 한 사람이 잘 수 있는 침대입니다.
2) **morning call**은 wake-up call이라고도 합니다.
3) **Do you have any vacancies?** 는 방이 있는지 물을 때 일반적으로 쓰는 말입니다. Can I have a room? / Do you have any available rooms? / I need a room 등으로 바꾸어 쓸 수 있습니다.
4) **we're fully booked**는 손님이 다 차서 빈 방이 없다는 표현으로 간단히 we're full이라고도 합니다.

# unit 6 | Asking for Room Service
룸서비스 요청하기

## Dialog

A  Good afternoon, front desk. Can I help you?

B  1) This is Mr. Kim in room 601. **There are a few problems with this room. First, I can't control the temperature.** 2) **The air conditioner does not work.**

A  Oh, I'm sorry. 3) I'll ask the technician to come by and fix it right away.

B  **There is something wrong with the bathroom tub, too.** 4) **It has been leaking.**

A  Oh, I'm sorry. **We'll get you a different room immediately.**

B  Yes, I think that would be better.

A  Is there anything else?

B  Oh, **I have an** 5) **urgent call to get. Please put the call through to my new room.**

A  Okay, I will.

---

front desk (호텔 등의) 프런트 데스크
air conditioner 에어컨
fix 고치다
immediately 당장
control 제어하다
work 작동하다
tub 욕조
urgent call 긴급 전화
temperature 온도
technician 기술자
leak (물이) 새다

## Situation Drill Level 2

### Let's Speak!

A 안녕하세요, 프런트 데스크입니다. 무엇을 도와 드릴까요?
B 저는 601호에 머무르는 김입니다. 방에 몇 가지 문제가 있어요. 첫째로, 온도를 조절할 수가 없어요. 에어컨이 고장 났네요.
A 죄송합니다. 기술자를 불러서 지금 바로 고치도록 하죠.
B 화장실 욕조에도 문제가 있어요. 물이 계속 새요.
A 아, 죄송합니다. 방을 당장 바꿔 드릴게요.
B 네, 제 생각에도 그게 좋겠군요.
A 다른 문제는 없으신가요?
B 아, 제가 긴급한 전화를 받아야 해서요. 새로운 방으로 전화를 연결해 주세요.
A 네, 알겠습니다.

### Learn More

1) **This is ~**는 전화를 걸 때나 받을 때 '저는 ~입니다'라는 말입니다. 전화상에서 I am ~ 이라고 표현하지 않도록 주의합니다.
2) **~ does not work**는 '~이 제대로 작동하지 않다'라는 말로, ~ is out of order라는 표현으로 바꾸어 쓸 수 있습니다.
3) **leak**은 '액체가 새다'라는 뜻으로 It has been leaking.이라고 한 것은 계속해서 지금까지 새고 있다는 뜻입니다.
4) **urgent call**은 '긴급한 전화'라는 말로 urgent에는 '아주 중요한'이라는 의미가 포함되어 있습니다.

# unit 7 | Check-in and Check-out
체크인과 체크아웃

### Dialog

A  Good afternoon, front desk. May I help you?

B  1) **I'm here to check in.** 2) **I made a reservation for a nonsmoking double room one week ago.**

A  What's your name, sir?

B  3) **The reservation is under the name of Kim.**

A  That's right. **Your room number is 601. Here is your key.**

B  Thank you.

* * *

A  Good morning, front desk.

B  4) **I'd like to check out this morning.**

A  **Please give me your name and room number.**

B  My name is Danny Kim, and the room number is 601.

A  All right. **We'll have your bill ready.**

---

**nonsmoking room** 금연실  
**bill** 계산서  

**under the name of ~** ~의 이름으로

## Situation Drill Level 2

### Let's Speak!

A 안녕하세요. 프런트 데스크입니다. 무엇을 도와 드릴까요?
B 체크인 하려고 하는데요. 저는 일주일 전에 2인용 금연실을 예약했어요.
A 성함이 어떻게 되시죠?
B 김이라는 이름으로 예약했습니다.
A 맞군요. 방 번호는 601호입니다. 여기 열쇠입니다.
B 감사합니다.

***

A 안녕하세요. 프런트 데스크입니다.
B 오늘 아침에 체크아웃 하려고 하는데요.
A 성함과 방 번호를 알려 주시겠어요?
B 이름은 대니 김이고 방 번호는 601호입니다.
A 알겠습니다. 계산서를 준비해 놓겠습니다.

### Learn More

1) **check in** 호텔 등에 투숙하기 위해 수속하는 것을 체크인이라고 합니다.
2) **nonsmoking room**은 '금연실'이라는 뜻이며, 흡연실은 smoking room이라고 표현합니다.
3) **under the name of** ~는 '~의 이름으로'라는 뜻입니다.
4) **check out**은 호텔 등에서 요금을 정산하고 나오는 과정을 의미합니다.

# unit 8 | Looking for an Apartment
아파트 구하기

### Dialog

A    1) **I'm looking for an inexpensive one-bedroom apartment.** 2) I want to live somewhere near the university or at least on a bus line. **And I also need to move in by the end of this month.**

B    Here's one you may like. It's a one-bedroom apartment near the bus stop.

A    That sounds great. **How much is the rent?**

B    3) **Three hundred dollars a month plus a one-month deposit.**

A    **Is that a fully-furnished apartment?**

B    Yes, it has a bed, desk, and a full kitchen.

A    4) **How long is the lease for, and when is the apartment available?**

B    **It's a one-year lease.** 5) And you can move in as soon as you want.

A    Let's go over and take a look at it now.

---

inexpensive 값이 싼
at least 적어도
bus stop 버스 정류소
fully-furnished 가구가 완비된
apartment 아파트
bus line 버스 노선
rent 집세
lease 임대 기간
university 대학교
by the end of this month 이번 달 말까지
deposit 보증금
available 가능한

### Situation Drill Level 2

#### Let's Speak!

A 저는 침실 하나인 값이 싼 아파트를 찾고 있어요. 대학 근처나 적어도 버스 노선이 있는 곳에서 살고 싶구요. 그리고 이번 달 말까지는 이사를 해야 해요.

B 여기 손님 마음에 들 만한 아파트가 있군요. 버스 정류장 근처에 있는 방 하나 짜리 아파트입니다.

A 괜찮을 것 같군요. 집세가 얼마죠?

B 월 300달러와 1개월 분의 보증금이요.

A 가구는 다 갖춰진 아파트인가요?

B 네, 침대, 책상과 모든 부엌 용품이 다 있어요.

B 계약 기간은 얼마나 되고, 언제 들어갈 수 있나요?

B 계약 기간은 1년이고, 손님이 원할 때 들어갈 수 있어요.

A 지금 가서 한번 봐요.

#### Learn More

1) I'm looking for는 '나는 ~을 찾고 있어요'라는 뜻입니다.
2) at least는 '적어도'라는 뜻으로 원하는 만큼의 가장 낮은 한계를 의미하며 그 이상을 원한다는 표현을 할 때 쓰입니다. at most ~는 '많아야 ~'라는 표현으로 at least의 반대 표현입니다.
3) deposit은 아파트 등을 빌리는 것을 계약할 때 내는 보증금을 뜻하며, 집을 나갈 때 계약에 이상이 없으면 돌려 받을 수 있습니다. 은행에서 말하는 deposit은 '돈을 예금 하다'라는 뜻입니다.
4) lease는 '계약 기간'을 의미합니다.
5) as soon as ~는 '~하는 만큼 빠른 시간 내에'라는 뜻입니다.

# unit 9 | Renting a Car
자동차 렌트하기

## Dialog

A  **¹⁾ I'd like to rent a car for a week.**

B  All right. **I'll check out what we have available. What kind of car do you want to rent?** A subcompact, compact, midsize, or luxury car?

A  **A midsize car with good fuel economy that is safe,** please.

B  **I think this car is suitable for your family.** Will that be all right?

A  Fine. ²⁾ **How much does it cost?**

B  ³⁾ **Here is our brochure for several plans. Look through this, and choose one plan.**

A  Well, I'll take this one-week plan.

B  Okay. ⁴⁾ **Here is the registration form.** You should sign here and pay the deposit.

---

rent 빌리다  subcompact car 경차  compact car 소형차
midsize car 중형차  luxury car 고급 대형차  fuel 연료
economy 경제성  suitable 적합한  brochure 안내책자
look through 읽어 보다  registration form 등록 양식  sign 서명하다

### Situation Drill Level 2

#### Let's Speak!

A 일주일 동안 차를 빌리고 싶습니다.

B 알겠습니다. 가능한 차를 찾아보도록 할게요. 어떤 종류의 차를 사용하고 싶으신 가요? 경차, 소형차, 중형차, 또는 고급 대형 승용차가 있습니다.

A 연비가 좋고 안전한 중형차가 좋겠네요.

B 이 차가 손님 가족에게 적합할 것 같은데요. 괜찮으시겠어요?

A 좋아요. 가격은 얼마죠?

B 여기 몇 가지 플랜을 소개한 책자가 있어요. 읽어 보시고 한 가지를 정하세요.

A 음, 저는 여기 일주일 플랜으로 할게요.

B 좋아요. **여기 등록 양식이 있어요.** 여기 사인하고 보증금을 내야 합니다.

#### Learn More

1) **I'd like to ~**는 '저는 ~하고 싶어요'라는 뜻으로 I want to보다 공손한 표현입니다.
2) **How much does it cost?**는 '얼마입니까?'라는 뜻으로 How much is it? / How much do I pay for it? 등과 바꾸어 쓸 수 있습니다.
3) **Here is ~**는 '여기~가 있습니다'라는 표현입니다
4) **registration form**은 '등록 형식, 등록 양식'이라는 뜻으로 여기에서는 이름과 주민 등록번호(ID number), 운전면허(driver's license) 등에 대한 자세한 기록을 하게 됩니다. 물론, 서명은 반드시 들어가게 됩니다.

# unit 10 | Reserving a Table
좌석 예약하기

## Dialog

A Elle's Restaurant. How can I help you?

B Hi, ¹⁾ **I'd like to reserve a table for four this evening.**

A **We already have quite a few reservations for tonight. What time do you want?**

B ²⁾ **I'm hoping for sometime around 7:00.**

A ³⁾ **I'm afraid we're completely booked at that time. Could you make it at 6:00 or 8:00?**

B Yes, ⁴⁾ **I suppose 8:00 would be acceptable.**

A May I have your name, please?

B Sure. My name is Danny Kim.

A Thank you, Mr. Kim. **That's a table for four at 8:00 this evening.**

B **That's correct.**

A ⁵⁾ Thank you for calling, Mr. Kim. See you later.

---

quite a few 꽤 많은   around 대략 ~ 정도   afraid (유감이지만) ~라고 생각하다
completely booked 예약이 다 찬   suppose 추측하다
acceptable 받아들일 수 있는   correct 정확한

## Situation Drill Level 2

### Let's Speak!

A  엘스 레스토랑입니다. 무엇을 도와 드릴까요?
B  안녕하세요. 오늘 저녁에 네 좌석을 예약하고 싶은데요.
A  오늘 밤에는 벌써 예약이 많이 되어 있어요. 몇 시를 원하십니까?
B  7시 정도를 원하는데요.
A  죄송하지만 그 시간에는 예약이 다 찼습니다. 6시나 8시는 어떻습니까?
B  네, 8시가 좋을 것 같네요.
A  성함을 말씀해 주시겠어요?
B  물론이죠. 대니 김입니다.
A  감사합니다. 김 선생님. 오늘 저녁 8시 네 분을 위한 자리요.
B  맞습니다.
A  전화 주셔서 감사합니다, 김 선생님. 나중에 뵙겠습니다.

### Learn More

1) **reserve**는 '예약하다'라는 뜻으로 명사형은 reservation 입니다.
2) **sometime around** ~는 '대략 ~시 정도'라는 뜻으로 그 시간에서 10분 정도 앞뒤로의 시간까지를 의미합니다.
3) **I'm afraid**는 '미안하지만' 하고 거절의 답을 할 때 습관적으로 쓰는 말입니다. '예약이 다 찼다'라고 말할 때에 booked up 또는 fully booked를 씁니다.
4) **I suppose** ~는 '~일 것 같네요', '~이겠지요'라는 뜻입니다.
5) **Thank you for** ~는 '~해줘서 고맙다'는 뜻으로 많이 쓰이는 표현입니다.

# unit 11 | Today's Special
오늘의 스페셜 요리

## Dialog

A  Good evening! Elle's Restaurant. <sup>1)</sup> **How is your day?**

B  Fine, thank you. **I've got a reservation.**

A  Okay. In whose name did you make it?

B  Danny, Kim. K-I-M.

A  Yes, Mr. Kim. Follow me, please.

\* \* \*

A  **<sup>2)</sup> Are you ready to order?**

B  **Not yet. Would you recommend something?**

A  **What about today's special? It's a tenderloin steak with mushrooms.**

B  **Oh, that sounds great. I'll have that.**

A  **How would you like your steak?**

B  **Medium, please.**

A  **Do you want fries or a baked potato with that?**

B  **A baked potato, please.**

A  **All right. Is there anything else?**

B  **One chicken soup for me. And I'll have a glass of lemonade, please.**

A  Okay. **I'll be back with your order in a few minutes.**

---

follow 따라오다　　order 주문하다　　recommend 추천하다
tenderloin steak 안심 스테이크　　mushroom 버섯
medium 중간 정도로 구워진

## Situation Drill Level 2

### Let's Speak!

A 좋은 저녁입니다! 엘스 레스토랑입니다. 안녕하세요?

B 좋아요, 고맙습니다. 예약을 했는데요.

A 네. 어느 분 이름으로 예약하셨죠?

B 대니 김이요. K-I-M.

A 네, 김 선생님. 따라오세요.

\* \* \*

A 주문하실 준비가 되었습니까?

B 아직 안 되었습니다. 뭐 추천해 주시겠습니까?

A '오늘의 요리'는 어떠세요? 버섯을 곁들인 안심 스테이크입니다.

B 오, 맛있을 것 같아요. 저는 그걸로 하겠습니다.

A 스테이크는 어떻게 해드릴까요?

B 중간으로 익혀 주세요.

A 튀긴 감자와 구운 감자 중에 어떤 것으로 하시겠어요?

B 구운 감자요.

A 네, 알겠습니다. 더 주문하실 것이 있나요?

B 닭고기 수프와 레모네이드 한 잔이요.

A 네. 잠시만 기다리시면 음식을 가지고 오겠습니다.

### Learn More

1) **How is your day?**는 우리 말에서 '안녕하세요?'라는 뜻으로 How are you today? / How is the day? 등의 표현과 바꾸어 쓸 수 있습니다.

2) **Are you ready to order?**는 '주문할 준비가 되었습니까?'라는 뜻으로 메뉴를 보여 준 뒤에 주문 받는 사람(waiter, waitress)이 물어보는 말입니다.

# unit 12 | Fast Food
패스트푸드

## Dialog

A **Can I take your order?**

B Yes, I want to have one set A, please.

A That's one set A—a steak burger, fries, and a coke. <sup>1)</sup> Is that all?

B **I want my steak burger with double cheese.**

A <sup>2)</sup> **Do you want anything else?**

B **No. That will be enough.**

A **If you pay another 50 cents, we will make it a large size. Would you like to do that?**

B Oh, that will be better. **Please make it a large size.**

A Okay, you ordered a large-sized set A. That will be $6.50.

B <sup>3)</sup> **Do you take plastic?**

A **No, we only take cash.**

B All right. Here is $7.00.

A **Here is your change.** Thank you.

---

steak burger 스테이크 버거   double cheese 치즈 두 장   enough 충분한
another 또 다른                plastic 신용 카드          change 잔돈

## Situation Drill Level 2

### Let's Speak!

A 주문하시겠어요?

B 네, 저는 A세트를 먹을게요.

A A세트는 스테이크 버거, 감자튀김과 콜라입니다. 다 되셨나요?

B 스테이크 버거에 치즈를 두 장 넣어 주세요.

A 다른 건 더 필요 없으세요?

B 없어요. 충분할 것 같네요.

A 50센트를 더 내시면 큰 사이즈로 해드립니다. 그렇게 하시겠어요?

B 네, 그게 더 낫겠어요. 큰 것으로 해주세요.

A 알겠습니다. A세트를 큰 사이즈로 주문하셨습니다. 총 6달러 50센트입니다.

B 카드로 계산해도 되나요?

A 아니요, 저희는 현금만 받습니다.

B 알겠습니다. 여기 7달러요.

A 여기 잔돈이 있습니다. 감사합니다.

### Learn More

1) **Is that all?**은 '주문은 그게 전부인가요?', '다 주문하셨어요?'의 뜻입니다. Will that be all?이라고 쓰기도 합니다

2) **Do you want anything else?**는 '다른 원하는 것이 있습니까?'라는 뜻으로 간단히 Anything else?라고 쓰기도 합니다.

3) **Do you take plastic?**은 '카드로 계산해도 되나요?'라는 뜻으로 여기서 plastic은 plastic card의 줄임말입니다.

# unit 13 | Recipes
조리법

## Dialog

A **I'm going to make a cake for my mother today.**

B **That sounds fun! Can I join you?**

A <sup>1)</sup> **Sure. Why not? I have the ingredients here.**

B **So, what's the recipe?**

A 'At first, set the <sup>2)</sup> bread crumbs aside. Combine the remaining ingredients together until mixed well. Form the mixture into 2-ounce cakes. Roll each cake in bread crumbs. Place the cakes in the freezer for 1 hour to firm them up. Then cook them on medium heat until each cake turns golden brown. **Serve with special sauce.**' That's all.

B <sup>3)</sup> **It sounds difficult to me.**

A I've tried them twice before. <sup>4)</sup> **You can help by doing what I ask.**

B Yeah, Mom always cooks for us. **I want to do something for Mother, too. What should I do first?**

A **Hold on. We should wash our hands first!**

---

**join** 참여하다
**bread crumb** 빵가루
**mix** 섞다 (**mixture** 혼합물)
**place** 두다
**serve** 대접하다

**ingredient** (요리) 재료
**combine** 결합하다
**ounce** 온스 (약 31그램)
**freezer** 냉장고

**recipe** 조리법
**remaining** 나머지의
**roll** 굴리다
**golden brown** 황갈색

## Situation Drill Level 2

### Let's Speak!

A  오늘 엄마를 위해서 케이크를 만들 거야.
B  재미있겠다! 나도 같이 만들어도 되니?
A  물론이지, 여기 재료가 있어.
B  그럼, 어떻게 만드는 거야?
A  '먼저, 빵가루를 준비해 둔다. 나머지 재료들을 잘 섞일 때까지 섞는다. 섞인 재료로 2온스의 케이크를 만든다. 각각의 케이크를 빵가루에 굴린다. 케이크를 1시간 동안 냉장고 안에 넣어 굳힌다. 각각의 케이크가 황갈색이 될 때까지 중간불로 익힌다. **특별 소스와 함께 대접한다.**' 이게 전부야.
B  어려운 것 같은데.
A  난 전에 두 번 만들어 봤어. 그냥 넌 내가 부탁하는 대로 도와 주면 돼.
B  응, 엄마는 항상 우리를 위해 요리를 하셔. 나도 엄마를 위해 무언가를 해드리고 싶어. 난 무엇을 먼저 시작해야 해?
A  잠시만, 우리 먼저 손을 씻어야 돼!

### Learn More

1) **Sure. Why not?** 는 '물론이지, 왜 안 되겠어?'라는 뜻으로, '당연하지'라고 말할 때 간단히 Why not?이라고 표현합니다.
2) **set aside** 는 '옆에 두다, 챙겨 놓다'라는 의미입니다.
3) **It sounds difficult to me.** 는 '나한테 어렵게 들리는데'라는 뜻으로, 어떤 말을 듣고 '어렵겠다'라는 표현으로 쓰며, 어떤 것을 보고 '어렵겠다'라는 표현은 It looks difficult.라고 합니다.
4) **You can help by doing what I ask.** 는 이 지문에서 '(내가 전에 만들어 본 적이 있으니까) 그냥 내가 부탁하는 대로 도와 주면 돼.'라는 의미입니다.

# unit 14 | Delivery
배달

### Dialog

A  Hello, Elle's Pizza. <sup>1)</sup> How may I help you?
B  Hi, **I'd like a large pepperoni pizza with extra cheese.**
A  **Would you like anything to drink?**
B  A large Pepsi, please.
A  <sup>2)</sup> **How about side dishes? We have cheese oven-baked spaghetti and garlic bread.**
B  No, thank you. That's all I want.
A  Okay. That will be $20.00. <sup>3)</sup> **Is this your first time to order?**
B  **No, I have ordered your pizzas several times.**
A  All right. Can I have your phone number, please?
B  Sure. My phone number is 623-6380.
A  **We have your address here.** 50A High Street. Is that correct?
B  Yes.
A  Thank you very much. <sup>4)</sup> **We will be there in 20 minutes.**

---

**pepperoni** 페페로니(향신료를 많이 뿌린 고기를 말린 소시지)   **extra** 여분의
**side dish** 곁들이는 요리   **garlic** 마늘   **several times** 여러 번
**correct** 정확한

## Situation Drill Level 2

### Let's Speak!

A 안녕하세요. 엘스 피자입니다. 무엇을 도와 드릴까요?
B 안녕하세요. 페페로니 피자 큰 것에 치즈를 많이 해서 주세요.
A 마실 것도 드릴까요?
B 펩시콜라 큰 거요.
A 다른 것도 드시겠어요? 치즈 오븐 스파게티와 마늘빵이 있습니다.
B 아니요, 괜찮습니다. 그게 다예요.
A 알겠습니다. 20달러입니다. 이번이 처음 주문하신 건가요?
B 아니요, 여기서 여러 번 주문했었는데요.
A 네, 그럼 전화번호를 주시겠어요?
B 물론이죠. 623-6380입니다.
A 손님 주소가 있네요. 50A 하이가, 맞나요?
B 네.
A 감사합니다. 20분 안으로 도착할 겁니다.

### Learn More

1) **How may I help you?** 는 '무슨 일로 오셨습니까?', '무엇을 도와 드릴까요?'라는 뜻으로 May I help you? / How can I help you? 등으로 바꾸어 쓸 수 있습니다.
2) **side dish** 는 주요리(main dish)에 곁들이는 요리입니다.
3) **Is this your first time to order?** 처음으로 주문했을 때에는 전화번호와 함께 주소를 기록해 놓기 때문에, 처음인지 물어보는 것입니다. 이 상황에서는 전에 주문을 했기 때문에 주소가 남아있어 바로 알 수 있습니다.
4) **We will be there in** ~은 '~안에 가겠습니다', '시간에 맞추어 도착하겠습니다'라는 뜻으로 We will make it in ~이라는 표현으로 바꾸어 쓸 수도 있습니다.

# unit 15 | Payment
지불

## Dialog

A  **How was your dinner, sir?**

B  It was wonderful. **The chicken soup was especially tasty.**

A  **We are pleased that you enjoyed the meal.**

B  ¹⁾ **Oh, that steak looks mouthwatering!**

A  **This restaurant is famous for it.** Try it next time.

B  Yeah, I'll do it. **It's my treat today. Let me have the bill, please.**

A  ²⁾ **Here it is, sir.**

B  **Do you take Visa?**

A  ³⁾ **Of course, we do.**

B  Here you are.

A  **Would you sign here? Please visit us again.**

B  Yes, we will.

A  Have a good night.

---

wonderful 훌륭한　　especially 특별히　　tasty 맛 좋은
mouthwatering 군침이 도는　　treat 한턱 낼 차례　　Visa 비자 카드

**Situation Drill** Level 2

### Let's Speak!

A 식사가 어떠셨습니까, 손님?
B 훌륭했어요. 특히 닭고기 수프가 맛있었어요.
A 식사가 마음에 드셨다니 저희도 기쁘군요.
B 오, 저 스테이크는 군침이 도는데요!
A 우리 식당은 그것으로 유명합니다. 다음에는 그것을 드셔 보세요.
B 네, 그러죠. 오늘은 제가 사는 날입니다. 계산서를 주세요.
A 여기 있습니다, 손님.
B 비자 카드로 계산해도 되나요?
A 물론입니다.
B 여기 있어요.
A 여기 사인해 주시겠어요? 다음 번에도 들러 주세요.
B 네, 그러겠습니다.
A 좋은 밤 되세요.

### Learn More

1) **sir**는 남성일 경우에 존대하는 의미로 쓰이며, 여성일 경우에는 ma'am으로 씁니다.
2) **mouthwatering**은 '군침이 도는'이라는 의미입니다. It smells good.이나 appetizing이라는 표현을 쓰기도 합니다.
3) **we do**는 앞에서 Do you take Visa?라고 물어 보았기 때문에 we take Visa의 줄임말로 쓰였습니다.

# unit 16 | Applying for a Visa
비자 신청하기

## Dialog

A **Welcome to Immigration.** How can I help you?

B 1) Hi, **I am here to get a student visa.**

A 2) Well, **you should fill out this application form and wait until your name is called.**

B Okay, thank you for your help. And do I need anything else?

A Yes, you need your passport.

B Sure, I have it. Thank you again.

\* \* \*

A **We've checked your application form.** 3) **You go to the University of New York,** right?

B Yes, I have just entered the university. 4) And **I want to get permission to stay in this country.**

A **What is your major at school?**

B I'm studying computer science.

A Okay. We will check your form carefully and give you a call in one week.

B That'll be fine. Thank you very much.

---

**immigration** 이민국, 이민
**application form** 신청서
**major** 전공
**carefully** 신중하게
**student visa** 학생 비자
**university** 대학교
**computer science** 컴퓨터 공학
**fill out** 작성하다
**permission** 허가증

## Situation Drill Level 2

### Let's Speak!

A 이민국에 오신 것을 환영합니다. 무엇을 도와 드릴까요?
B 안녕하세요. 저는 학생 비자를 받으러 왔어요.
A 그럼, 이 신청서를 쓰고 이름이 불릴 때까지 기다리세요.
B 알겠습니다. 도와 주셔서 감사합니다. 또 필요한 건 없나요?
A 네, 여권이 필요해요.
B 네, 가지고 있어요. 다시 한번 감사해요.

\* \* \*

A 귀하의 신청서를 확인했어요. 뉴욕 대학교 학생이 맞습니까?
B 네, 대학교에 막 입학했습니다. 그래서 이 나라에 머무를 허가증을 원해요.
A 대학에서 전공이 무엇입니까?
B 저는 컴퓨터 공학을 공부합니다.
A 네. 귀하의 신청서를 신중하게 검토한 후 일주일 내에 전화를 드리겠습니다.
B 알겠습니다. 감사합니다.

### Learn More

1) **student visa**는 학생의 신분으로 입국 허가를 받는 것을 말합니다. 합법적으로 그 나라에 있기 위해서 비자를 필요로 하는 나라가 있습니다.
2) **application form**은 '신청서'라는 의미로, 간단히 application이라고도 합니다.
3) **You go to ~ (학교)**라고 하면 '당신은 ~(학교)에 다니고 있다'라는 표현이며, I go to ~ / We go to ~' 등 응용해서 쓸 수 있습니다.
4) **permission**은 '허가증'이라는 뜻이며, 동사형은 permit, 형용사형은 permissive 입니다.

# unit 17 | Deciding What to Study
무엇을 공부할지 정하기

## Dialog

A  English Language Center. How may I help you?

B  **1) I am here to get more information about your courses.**

A  Well, **2) there are 10 levels in this academy. You should take the level test first, and then we will decide what level is suitable for you.** After that, you need to choose your class time. **We have a morning class and an evening one.** The morning class starts at 10:00 a.m., and the evening one starts at 8:00 p.m. Each class lasts 3 hours and has one 10-minute break.

B  Oh, I see. What will I study in the class?

A  Well, you will learn grammar, reading, listening, speaking, and writing. **There are 4 professional teachers for each class.**

B  **May I look around the classrooms?** And I want to take the level test. **I wonder which level will suit me.**

A  **3) Why not? Follow me.**

---

information 정보　　course 교육 과정　　academy 학원
decide 결정하다　　suitable 알맞은, 적합한　　choose 선택하다
grammar 문법　　reading 독해　　professional 전문적인
wonder 궁금하다　　suit 적합하다

## Situation Drill Level 2

### Let's Speak!

A 영어 교육 센터입니다. 무엇을 도와 드릴까요?

B 여기 교육 과정에 대해 좀더 알고 싶어서 왔어요.

A 음, 우리 학원에는 10가지의 레벨이 있어요. 레벨 테스트를 먼저 봐야 하고, 그럼 우리가 당신에게 맞는 레벨을 정해줄 거예요. 그런 다음, 당신은 수업 시간을 정하면 됩니다. 오전 반과 저녁 반이 있어요. 오전 반은 10시에 시작하고 저녁 반은 8시에 시작을 해요. 각각 3시간 수업이고 중간에 10분 쉬는 시간이 있어요.

B 아, 알겠습니다. 수업에서는 무슨 공부를 하죠?

A 음, 문법, 독해, 듣기, 그리고 말하기와 쓰기를 배울 것입니다. 각 수업에는 4명의 전문 선생님이 있습니다.

B 교실을 둘러봐도 될까요? 그리고 레벨 테스트도 받고 싶어요. 어떤 레벨이 맞을지 궁금하군요.

A 그럼요. 따라오세요.

### Learn More

1) **I am here to ~**는 '나는 여기에 ~하기 위해 왔다'라는 뜻으로 다음에는 동사 원형을 써야 합니다.

2) **there are ~**는 '~가 있다'라는 표현으로 뒤에 복수형을 씁니다. 단수형이 올 때는 there is ~라는 표현을 씁니다.

3) **Why not?**은 '왜 안 되겠어?'라는 의미로 여기서는 '당연하지, 교실을 둘러봐도 되고, 레벨 테스트를 봐도 된다'라는 뜻입니다.

# unit 18 | Starting a Class in the Classroom 교실에서 수업 시작하기

## Dialog

A  Hi, everyone. **We will have a pop test today.**

B  No! We can't!

A  １⁾ It is a kind of review test. **I don't think you need to worry about it too much.**

B  Please.

A  Then will it be fine for the next class?

B  Fine.

A  Okay. **Then you can ask me some questions about the test.**

B  Will the English test be difficult?

A  **No, it won't be difficult if you study hard.**

B  ２⁾ **I've read the material more than three times, but I can't understand all of it.**

A  ３⁾ **Then I suggest that you read it another three times.** The test will be about spelling and grammar, so it'll be easy.

B  **How do we prepare for it?**

A  ４⁾ **All you have to do is go over the things you've learned.**

---

pop test 깜짝 시험
question 질문
spelling 스펠링, 철자법
review 복습
material 자료
prepare for ~를 준비하다
worry about ~에 대해 걱정하다
suggest 제안하다
go over 복습하다

## Situation Drill Level 2

### Let's Speak!

A 안녕, 여러분. 오늘은 깜짝 시험을 치겠어요.
B 안 돼요! 치면 안 돼요!
A 일종의 복습 테스트 같은 거예요. 내 생각에 많이 걱정할 필요가 없을 것 같은데.
B 제발요.
A 그러면 다음 번에는 쳐도 될까요?
B 좋아요.
A 알겠어요. 그럼 테스트에 관해서 질문하도록 하세요.
B 영어 시험이 어려울까요?
A 아니요, 열심히 공부했다면 안 어려울 거예요.
B 전 자료를 세 번 이상 읽어봤지만 전부 다 이해를 못하겠어요.
A 그럼 난 여러분께 또 세 번을 더 읽어 보라고 권할게요. 시험은 철자법과 문법에 대한 것이니까 쉬울 거예요.
B 준비를 어떻게 해야 하죠?
A 배운 것을 복습하기만 하면 돼요.

### Learn More

1) **kind of**는 '일종의'라는 뜻입니다
2) **more than** ~은 '~ 이상'이라는 뜻으로 반대말로는 less than(~ 이하)이라는 표현이 있습니다.
3) **suggest that** ~은 '~을 제안하다', '~을 권하다'라는 의미입니다.
4) **go over**는 '복습하다'라는 뜻으로 앞에 쓰인 review와 같은 뜻입니다.

# unit 19 | Having Break Time in the Classroom 교실에서 휴식 취하기

## Dialog

A  Wow! **It's break time.**

B  **So, how was the class today?**

A  Hmm, **I don't like mathematics.** ¹⁾ **I'm poor at multiplication and division. The calculations are so complicated.**

B  Yes, I agree with you. But I like algebra.

A  ²⁾ **I got no sleep last night because I was doing the algebra homework.**

B  I can help you with it if you want.

A  Sure. What about today after school?

B  Okay. **Let's do today's homework together in the classroom.**

A  ³⁾ I hope today's work will help me on my math test next week.

B  ⁴⁾ **I bet!**

---

break time 쉬는 시간   mathematics 수학   multiplication 곱셈
division 나눗셈   calculation 계산   complicated 복잡한
agree with ~에 동의하다   algebra 대수학   bet 단언하다

## Situation Drill Level 2

### Let's Speak!

A 와! 쉬는 시간이다.
B 그래, 오늘 수업은 어땠어?
A 음, 난 수학이 싫어. 난 곱셈과 나눗셈을 잘 못해. 계산은 너무 복잡해.
B 응, 나도 동의해. 하지만 난 대수학 부분이 좋아.
A 난 어젯밤에 대수학 숙제를 하느라고 잠을 못 잤어.
B 네가 원한다면 내가 도와 줄게.
A 좋아. 오늘 학교 마치고 어때?
B 알았어. 교실에서 오늘 숙제를 같이 하자.
A 오늘 공부가 다음 주에 있는 수학 시험에 도움이 되었으면 좋겠다.
B 물론이지!

### Learn More

1) **be poor at** ~은 '~을 잘 못한다'라는 뜻입니다. '~을 잘한다'라는 뜻으로는 be good at을 쓰며, '~을 더 잘한다'라는 뜻으로는 be better at ~을 씁니다.
2) **I got no sleep last night because I was doing** ~은 '~을 하느라고 잠을 하나도 못 잤다'라는 뜻입니다.
3) **math**는 mathematics의 줄임말입니다.
4) **I bet!**은 '틀림없이 ~하다'라는 표현으로 많이 쓰입니다. You bet!은 '틀림없어!', You bet?은 '정말이야?'라는 의미입니다.

# unit 20 | Holiday Plans
휴가 계획

## Dialog

A  **Do you have any plans for the holiday?**

B  Yes, I have a plan to visit my uncle in San Francisco.

A  Oh, that's great. ¹⁾ **So how long will you stay there?**

B  My father said that we will be there for about two weeks. ²⁾ What about your plans?

A  **We have a family reunion next month.**

B  Sounds like fun. **How often do you have family reunions?**

A  ³⁾ **We have one every year in August.**

B  **So will you see your grandparents at that time?**

A  ⁴⁾ Yes, I am looking forward to that.

B  I am looking forward to seeing my grandparents, too. **I hope the summer holiday comes soon.**

A  **Let's chat more about it after the holiday is over.**

---

holiday 휴가, 방학　　　reunion 친목회　　　chat 수다떨다

# Situation Drill Level 2

## Let's Speak!

A 너 이번 방학에 어떤 계획이 있니?
B 응, 난 샌프란시스코에 있는 삼촌을 찾아뵙기로 했어.
A 와, 좋겠다. 그럼 거기서 얼마나 머무를 건데?
B 아버지께서 2주 정도 있을 거라고 말씀하셨어. 네 계획은 어때?
A 우리는 다음 달에 가족 모임이 있어.
B 재미있을 것 같다. 너희는 얼마나 자주 가족 모임이 있어?
A 매년 8월에 있어.
B 그래서 그때 할머니, 할아버지를 뵙니?
A 응, 정말 기다려져.
B 나도 우리 할머니, 할아버지 뵙기를 기다리고 있어. 빨리 여름 방학이 왔으면 좋겠다.
A 방학이 끝나고 그것에 대해 더 이야기하자.

## Learn More

1) **How long ~?**은 '얼마나 오랫동안 ~?'이라는 말로 대답은 기간으로 합니다.
2) **What about your plans?**는 '너의 계획은 어때?'라는 뜻으로 앞에서 자신의 계획을 말하고 상대방의 계획을 물어보는 상황입니다. 간단히 What about yours? 나 How about yours?라고 바꾸어 쓸 수 있습니다.
3) **every year**는 '매년'이라는 뜻입니다.
4) **look forward to ~**는 '~을 학수고대하다', '~을 무척 기다리다'라는 뜻입니다.

# unit 21 | Buying Reference Books
참고서 사기

### Dialog

A   1) **I need to buy some reference books for this semester.**

B   **Oh, I almost forgot about that. Let's go to the bookstore to buy them.**

A   Yes, here is the list. Wow, look at this. **This book is over one hundred dollars.**

B   Yeah, 2) **I cannot believe how expensive university textbooks are.**

A   Last semester, I spent more than two hundred dollars on books.

B   3) **It seems they're getting far too expensive.**

A   Let me see. The computing book is the most expensive one.

B   For me, my accounting one is ninety dollars. **It's a little cheaper than I thought, though.**

A   4) **You are taking four subjects this semester, right?**

B   Yes, I think I should get a student loan.

A   5) **We'd better buy some secondhand books.**

B   Yeah, let's not be lazy about our studying.

---

reference book 참고서    semester 학기    bookstore 서점
textbook 교과서    seem ~처럼 보이다    computing 컴퓨터 사용
accounting 회계학    subject 과목    loan 대출
secondhand 중고의    lazy 게으른

## Situation Drill Level 2

### Let's Speak!

A 나는 이번 학기에 쓸 참고서를 사야 해.
B 오, 거의 잊어버릴 뻔했다. 서점에 같이 책 사러 가자.
A 응, 여기 리스트가 있어. 와, 이것 좀 봐. 이 책은 100달러가 넘어.
B 응, 난 대학교 교재가 이렇게 비싼 게 말도 안 된다고 생각해.
A 난 지난 학기에 책을 사는 데 200달러 넘게 썼어.
B 책들이 점점 더 비싸지는 것 같아.
A 어디 보자. 컴퓨터 책이 제일 비싸네.
B 내 건 회계학 책이 90달러네. 내가 생각한 것보다는 약간 싸지만.
A 너 이번 학기에 네 과목 듣는 거 맞지?
B 응, 난 학생 대출을 받아야 할 것 같아.
A 우리 중고 책을 사는 게 낫겠다.
B 그래, 공부를 게을리하지 말자.

### Learn More

1) **semester**는 '학기'라는 뜻이며 1학기를 first semester, 2학기를 second semester라고 말합니다. 지난 학기는 last semester입니다.
2) **I cannot believe**는 '말도 안 돼', '믿을 수 없어'라는 뜻입니다.
3) **It seems ~**는 '~처럼 생각되다', '~인 것 같은 생각이 든다'라는 표현으로, 구어에서는 It을 생략하고 Seems like ~로 쓸 때도 있습니다.
4) **take**는 여기서 '과목을 듣다'라는 표현입니다.
5) **secondhand**는 여기에서 '중고의'라는 말입니다. 또한 '간접의'라는 뜻도 가지고 있어 '중개자', '매개자'의 뜻도 되며, '시계의 초침'이라는 뜻도 가지고 있습니다.

# unit 22 | Talking about One's Interests 취미에 대해 이야기하기

## Dialog

A **Are you free this Saturday?**

B Sure, but why?

A  1) **I'm going to go to a rock concert this Saturday. Would you like to go with me?**

B Oh, 2) **I have no interest at all in rock bands.** They are too noisy. **I really can't stand them.**

A **Then what kind of music do you like?**

B I like classical music.

A **So do you listen to classical music in your free time?**

B Yes. So how about going to a classical music concert instead this Saturday?

A Well, 3) **let's just do some exercise since we have different tastes in music.**

B Okay. How about playing tennis?

A **Actually, that's what I wanted to do. Don't forget our date!**

---

**free** 한가한
**noisy** 시끄러운
**instead** 대신에
**actually** 사실은, 정말로
**rock** 록 음악
**stand** 참다, 견디다
**exercise** 운동
**interest** 흥미, 취미
**classical** 클래식의
**taste** 기호, 취향

## Situation Drill Level 2

### Let's Speak!

A 이번 주 토요일에 시간 있니?

B 응, 근데 왜?

A 나 이번 주 토요일에 록 콘서트에 갈 거야. 너도 같이 갈래?

B 아, 나는 록 밴드에 관심이 전혀 없어. 너무 시끄러워. 정말이지 참을 수가 없어.

A 그러면 어떤 종류의 음악을 좋아해?

B 난 클래식 음악을 좋아해.

A 그럼 넌 시간이 있을 때 클래식 음악을 듣니?

B 응. 우리 이번 주 토요일에 대신 클래식 콘서트에 가는 게 어때?

A 음, 그럼 우리 음악 취향이 다르니까 그냥 운동하자.

B 알았어. 테니스 치는 건 어때?

A 사실, 그게 바로 내가 원하던 거야. 약속 잊지 말기다!

### Learn More

1) **be going to**는 '~ 할 예정이다'의 뜻으로 가까운 미래를 나타낼 때 쓰며, will로 대신 표현할 수도 있다

2) **no(not) at all**은 '전혀 ~ 하지 않다'라는 표현입니다.

3) **let's do some exercise**라고 말한 이유는 콘서트에 가는 대신 운동을 하자고 말하는 상황입니다. since we have different tastes in music은 '우리가 다른 음악 취향을 가지고 있으니까'라는 뜻으로 쓰였습니다.

# unit 23 | Preparing for a Test
시험 준비하기

## Dialog

A  <sup>1)</sup> **How are your midterm exams going?**

B  I'm so tired. <sup>2)</sup> **I can't stop falling asleep in class.**

A  **How many subjects do you have to study?**

B  Three. History, math, and English. I haven't even started studying physics yet.

A  **I am almost ready for the physics test.** You need some help?

B  Totally!

A  I like my physics teacher. **She always makes the class fun.**

B  **Physics is the most difficult subject for me.** I just don't understand science at all.

A  **I'll find a way to help you improve your physics.**

B  **Thank you for saying that.** <sup>3)</sup> **If you help me, I can get a better score on the physics test.**

---

midterm exam 중간고사　tired 피곤한　fall asleep 잠들다
history 역사　physics 물리　almost 거의
totally 완전히　science 과학　improve 개선하다
score 성적, 점수

### Situation Drill Level 2

**Let's Speak!**

A 너 중간고사 준비 어떻게 되어가니?
B 너무 피곤해. 수업 시간에 졸음을 참지 못하겠어.
A 몇 과목 공부해야 되는데?
B 세 과목. 역사, 수학 그리고 영어. 나 물리는 아직 시작도 못했어.
A 난 물리 시험은 거의 다 준비 됐어. 너 도움 필요하니?
B 완전 필요해!
A 난 물리 선생님이 좋아. 항상 수업을 재밌게 해주시거든.
B 물리는 내게 제일 어려운 과목이야. 난 과학은 전혀 이해를 못하겠어.
A 네 물리 공부를 도와 줄 방법을 찾아 볼게.
B 그렇게 말해 주니 고마워. 네가 도와 준다면, 나 물리 시험에서 더 나은 성적을 얻을 거야.

**Learn More**

1) **How are ~ going?** 은 '~가 어떻게 되어가니?'라는 뜻입니다. 단순히 How is it going?이라고 물어볼 때는 How is it going with you?의 줄인 표현으로 안부를 묻는 말이기도 합니다.

2) **can't stop ~** 은 '~하는 것을 멈출 수 없다'라는 뜻으로, 뒤에 항상 동명사(~ing) 형태가 옵니다.

3) **I can get a better score on ~** 에서 score는 성적을 말하며 test result, grade, mark 등과 바꾸어 쓸 수 있습니다.

# unit 24 | Doing Something after School 방과 후 활동

### Dialog

A  ¹⁾ **You're in a good mood today!**

B  Yeah. ²⁾ **We took our mathematics test this morning, and I did well on the test! I got a perfect score!**

A  Wow, congratulations! I am also happy, too. **My exams are all over.**

B  By the way, **I want to go to see a movie tonight.** Do you want to go with me?

A  Oh, I'm afraid I can't. I should stay home tonight. ³⁾ **I need to take care of my brother. How about staying home with me?**

B  Let's watch a video instead. **We can rent a new release.**

A  Okay, that'll be fun. **Would you mind my brother John joining us to watch the video?**

B  **Absolutely not!** I'll get some pizza for tonight then.

---

mood 기분, 감정  perfect score 만점  congratulation 축하
new release 신간  absolutely 절대적으로

## Situation Drill Level 2

### Let's Speak!

A  오늘 기분이 좋아 보이는구나!
B  응. 오늘 아침에 수학 시험을 쳤는데, 나 시험을 잘봤어. 만점 받았거든!
A  와, 축하해! 나도 기분이 좋아. 시험이 다 끝났거든.
B  그런데, 나 오늘 영화 보러 가고 싶어. 같이 갈래?
A  오, 미안하지만 안 될 것 같아. 나 오늘 밤에 집에 있어야 해. 내 동생을 돌봐야 되거든. 집에서 같이 있는 건 어때?
B  그럼 대신 비디오를 보자. 우리 신간 비디오를 빌릴 수 있을 거야.
A  알았어. 재미있을 것 같아. 내 동생 존이 같이 비디오 봐도 괜찮을까?
B  물론이지! 그럼 내가 피자를 준비할게.

### Learn More

1) **in a good mood**는 '기분이 좋다'라는 말로, 반대로 '기분이 나쁘다'라는 말을 할 때는 in a bad mood라는 표현을 씁니다.
2) **did well on the test**는 '시험을 잘 쳤다'라는 뜻입니다.
3) **take care of** ~는 '~을 돌보다'라는 말입니다.

# unit 25 | I'm just looking.
그냥 둘러보는 거예요.

## Dialog

A  Good afternoon. Can I help you find anything?

B  1) **No, thanks. I'm just browsing.**

A  Okay. **Then take your time, and call me if you need any help.**

B  Oh, I have a question. This handbag is beautiful. 2) **I wonder how much it is.**

A  **It's very good leather. They're on sale today at the special price of sixty dollars.**

B  3) That's a bit on the high side. Do you have any cheaper ones?

A  Yes, this one here is forty dollars.

B  **Well, I don't like that style.** I'll look around and come back.

A  Then what about this one? 4) **It's on sale for half price now.**

B  **I'm sorry, but I just want to look around!**

---

browse 둘러보다　　　handbag 핸드백　　　leather 가죽
special 특별한　　　a bit 약간　　　look around 둘러보다

## Situation Drill Level 2

### Let's Speak!

A 안녕하세요, 무얼 찾으세요?
B 아니요, 그냥 둘러보는 거예요.
A 네. 그럼 천천히 보시고 도움이 필요하시면 불러 주세요.
B 아, 질문이 하나 있어요. 이 핸드백 예쁘네요. 얼마인지 알고 싶어요.
A 그건 아주 좋은 가죽입니다. 오늘 할인해서 특별가로 60달러입니다.
B 조금 비싸네요. 좀 더 싼 건 없나요?
A 네, 이건 40달러입니다.
B 음, 이런 스타일은 좋아하지 않아요. 좀더 둘러보고 오겠습니다.
A 그럼 이건 어떠세요? 이것은 반값에 판매합니다.
B 죄송하지만 그냥 둘러보고 싶어요!

### Learn More

1) **I'm just browsing.** 이라는 말은 '그냥 둘러보고 있어요'라는 뜻으로, 무엇인가를 사기 위해 보고 있는 것이 아니라 지나가면서 훑어보는 것을 의미합니다.
2) **I wonder how much it is.** 는 '얼마인지 알고 싶어요'라는 뜻으로 간단히 How much is it? / How much does it cost? 등으로 써도 됩니다.
3) **That's a bit on the high side.** 는 '약간 비싼 편이네요'라는 의미로 다른 말로 It's a little expensive. 라고 표현하기도 합니다.
4) **It's on sale for half price now.** 는 '지금 50% 할인 판매 하고 있습니다'라는 의미로 상점에서 때로 팔기 위해 물건을 반값에 내놓을 때 쓰는 표현입니다.

# unit 26 | Do you have a coat?
코트 있나요?

## Dialog

A  Good afternoon, sir. What can I do for you?
B  **Actually, I would like to buy a coat for my father.**
A  1) **Do you have any particular style in mind?**
B  Just something normal looking, I guess.
A  How about this one? 2) **It is cashmere and costs only sixty dollars.**
B  **That looks pretty good, but the price is a little steep.** Do you have another one?
A  It's a good price. 3) **Then, how much do you want to spend on your father's coat?** You tell me.
B  How about forty dollars?
A  Forty dollars? 4) **I can't. Make it fifty dollars. That's my best price. Is it a deal?**
B  Okay, fifty dollars. I will take it.

---

coat 코트  particular 특정한  cashmere 캐시미어
steep 가격이 비싼  deal 거래

### Situation Drill Level 2

> **Let's Speak!**

A   안녕하세요. 무엇을 도와 드릴까요?
B   사실 아버지에게 드릴 코트를 사고 싶거든요.
A   특별히 생각해 놓은 스타일이 있나요?
B   제 생각에 그냥 평범해 보이는 것이 좋겠어요.
A   이건 어떠세요? 캐시미어 소재이고 60달러밖에 안 합니다.
B   괜찮아 보이네요. 그런데 조금 비싸요. 다른 건 없나요?
A   괜찮은 가격인데요. 그럼 아버지 코트 구입에 얼마까지 내길 원하세요? 말씀해 보세요.
B   40달러 정도면 어떨까요?
A   40달러요? 그렇게는 안 돼요. 50달러로 하죠. 그게 최저 가격이에요. 사시겠어요?
B   네, 50달러요. 사겠어요.


> **Learn More**

1) **have ~ in mind**는 '~을 마음에 두다'라는 뜻.
2) **It costs only ~**는 '~밖에 가격이 안 한다'라는 뜻으로, 싼 값을 강조하고 있습니다.
3) **spend A on B**는 'B를 소비하는 데 A만큼 쓰다'라는 뜻으로 A에는 돈, 시간 등이 올 수 있습니다.
4) **I can't.**은 '~ 할 수 없다'라는 뜻으로 이 상황에서는 I cannot afford it.으로 바꾸어 쓸 수 있습니다.

# unit 27 | Do you have these shoes in my size? 이 신발 제 사이즈로 있나요?

## Dialog

A  <sup>1)</sup> **May I help you?**

B  Yes, **I'm looking for some walking shoes. Can you find me some comfortable shoes?**

A  **Would these shoes be good for that?**

B  **I don't like that style.** <sup>2)</sup> Could you show me several pairs in the showcase?

A  Sure. **What's your size, please?**

B  250mm.

A  **We don't go by millimeters in America, ma'am.** <sup>3)</sup> We go by inches, size 6, size 7, size 8, and so forth.

B  I wore size seven the last time.

A  Here you are. Some size sevens and a shoehorn.

B  Thank you. **These feel a little tight.**

---

walking shoes 운동화    comfortable 편안한    several 몇몇의
showcase 진열장    inch 인치 (2.54cm)    and so forth 기타 등등
wear (옷을) 입다, (신발을) 신다 (wear-wore-worn)    shoehorn 구둣주걱

## Situation Drill Level 2

### Let's Speak!

A 도와 드릴까요?

B 네, 운동화를 찾고 있어요. 편안한 신발을 좀 찾아 주시겠어요?

A 이런 신발들은 어떠세요?

B 그런 스타일은 싫어요. 진열장에 있는 신발 몇 개 보여 주시겠어요?

A 물론이죠. 사이즈가 어떻게 되시죠?

B 250mm입니다.

A 미국에서는 밀리미터로 계산하지 않습니다, 손님. 여기서는 사이즈 6, 사이즈 7, 사이즈 8 등 인치로 계산합니다.

B 지난 번에 사이즈 7을 신었어요.

A 여기 사이즈 7 신발들과 구둣주걱이 있습니다.

B 감사합니다. 이건 조금 끼네요.

### Learn More

1) **May I help you?**는 '제가 도와 드릴까요?'라는 뜻입니다. Can I help you? / Are you being helped?라는 표현으로 바꾸어 쓸 수 있습니다.

2) **several pairs**를 쓴 이유는 신발은 두 개가 한 쌍이므로 pair로 표현을 합니다. 신발에는 항상 복수형을 쓴다는 것도 잊으면 안 되겠습니다.

3) **size 6, size 7, size 8** 신발 치수는 영국 사이즈와 미국 사이즈가 약간씩 다르며 한국에서는 mm로 나타내는 것과 다르게 inch로 계산합니다.

# unit 28 | I'd like to get a refund for this. 이거 환불 받고 싶습니다.

### Dialog

A  Excuse me. <sup>1)</sup> **I'd like to get a refund for this.**
B  **Is there something wrong with it?**
A  I bought this sweater four days ago. <sup>2)</sup> **But when I washed it, the color faded.**
B  Oh, I'm sorry. **That shouldn't have happened.** Would you like to exchange it?
A  No, I want to get a refund for it.
B  That will be fine. <sup>3)</sup> **Can I have your receipt?**
A  I lost my receipt. <sup>4)</sup> **Is it impossible for me to get a refund without a receipt?**
B  Sorry. **Refunds are not possible without the receipt.**
A  Then I would like to exchange it for a new sweater.
B  Okay. Here you are. **Do come back next time.**

---

**refund** 환불   **sweater** 스웨터   **wash** 세탁하다
**fade** (빛깔이) 바래다   **exchange** 교환하다   **receipt** 영수증
**impossible** 불가능한   **possible** 가능한

## Situation Drill Level 2

### Let's Speak!

A 실례합니다. 이걸 환불 받고 싶은데요.
B 무슨 문제가 있나요?
A 이 스웨터를 4일 전에 샀어요. 그런데 세탁했더니 색이 바랬어요.
B 오, 죄송합니다. 그런 일이 일어나선 안 되는데요. 교환해 드릴까요?
A 아니요, 환불을 받고 싶습니다.
B 그러세요. 영수증을 볼 수 있을까요?
A 영수증을 잃어버렸습니다. 영수증 없이는 환불이 불가능한가요?
B 죄송하지만, 영수증 없이는 환불이 불가능합니다.
A 그러면 새로운 스웨터로 교환하고 싶습니다.
B 네, 여기 있습니다. 다음에 또 오세요.

### Learn More

1) **I'd like to get a refund for this.**는 '이것에 대해 환불을 받고 싶다'라는 표현으로 May I get a refund?로 바꾸어 쓸 수 있습니다. get a refund는 '환불 받다'라는 뜻으로, refund와 같은 뜻입니다.
2) **fade**의 원래 뜻은 '사라지다, 차차 없어지다'라는 뜻인데 여기서는 '색깔이 바래다'의 의미로 쓰였습니다.
3) **receipt**는 '영수증'으로, 물건을 환불 받으려면 영수증을 꼭 가지고 있어야 합니다.
4) **Is it impossible ~?**이라고 물어보면 '~하는 게 불가능한가요?'라는 뜻이며, 반대 의미로 Is it possible ~?, '~하는 게 가능한가요?'를 쓸 수 있습니다.

# unit 29 | Excuse me. I'm lost.
실례합니다. 길을 잃었어요.

## Dialog

A **Can I ask you a favor?**

B Sure. ¹⁾ **What's wrong?**

A ²⁾ **I'm completely lost, and I have no idea where I am.**

B You are on Broadway Road. **Do you want to go to a specific place?**

A Yes, I'm looking for my friend's house. **I've been in her house once.** But the houses look similar on this road, so I cannot find hers. **I have her address here.**

B ³⁾ **Let me see it. Oh, you are almost there.** Can you see the theater over there? It's on the same side of this street.

A So, ⁴⁾ **you mean the two-story building?**

B No, it's the three-story building next to it.

A Oh, I remember it now. Thank you.

---

**completely** 완전히     **lost** 길을 잃은     **specific** 특정한
**similar** 비슷한     **address** 주소     **theater** 극장
**story** (건물의) 층

## Situation Drill Level 2

### Let's Speak!

A 부탁 하나 해도 될까요?
B 물론이죠. 무슨 일인가요?
A 길을 완전히 잃은 것 같아서요. 여기가 어디인지 모르겠어요.
B 여기는 브로드웨이가입니다. 어디 특정한 장소에 가고 싶으세요?
A 네, 친구 집을 찾고 있어요. **한 번 가본 적이 있거든요**. 그런데 이 거리의 집들이 비슷해서 못 찾겠네요. **그녀의 주소는 여기 있어요**.
B **어디 볼까요**. 오, 거의 다 왔네요. 저기 극장 보이나요? 같은 편 길가에 있어요.
A 2층 건물 말하시는 건가요?
B 아니요, 그 옆에 3층 건물입니다.
A 오, 이제 기억나네요. 감사합니다.

### Learn More

1) **What's wrong?**은 '무슨 일이죠?'라는 뜻으로 What's the matter?로 표현해도 됩니다.
2) **I'm lost**는 '길을 잃었어요'라는 의미로 여기서 I'm completely lost라고 쓴 것은 '완전히 길을 잃었다'라는 뜻입니다. 또, I have no idea는 '전혀 모르겠다'라는 뜻입니다.
3) **Let me ~**는 '내가 ~하게 해주세요'라는 말로 여기서는 '어디 볼까요'라는 뜻입니다. Let me see라고 말 중간에 하는 표현은 '글쎄…'라는 의미입니다.
4) **You mean ~**은 '당신이 의미하는 것은 ~'라는 말입니다. 영어를 하다보면 I mean이라는 표현을 많이 쓰는 것을 알 수 있는데, 이것은 '즉'이란 표현이며, I mean it은 '진담이야'라는 뜻입니다.

# unit 30 | Where can I catch a bus?
버스는 어디서 탈 수 있나요?

## Dialog

A  Excuse me. What's the best way to get to City Hall?

B  You can go there either by bus or subway.

A  I think the bus is better. ¹⁾ **Where can I catch a bus to go there?**

B  **Oh, the bus stop is over there.** You can go straight. ²⁾ **When you see the pharmacy on your right, turn left.** It will be at the first corner. ³⁾ **You can't miss it.**

A  Oh, thank you. And I have one more question. What number bus do I take? I am a stranger here, so I don't know how to get around.

B  You need to take the number 607 bus. But let me suggest that you go to City Hall by subway. You know, ⁴⁾ **traffic is always heavy at this time.** City Hall is on the subway line here, so you don't need to transfer.

A  Right. **Then would you please tell me where the subway station is?**

B  Yes. I'm going to the subway station. So let's go there together. Follow me.

A  Thank you very much.

---

City Hall 시청　　　either 어느 쪽의 ~이든지　　　subway 지하철
pharmacy 약국　　　stranger (장소 등에) 생소한 사람　suggest 제안하다
traffic 교통　　　　transfer 갈아타다　　　subway station 지하철 역

# Situation Drill Level 2

### Let's Speak!

A 실례지만 시청까지 어떻게 가는 게 가장 좋을까요?
B 버스나 지하철을 이용하실 수 있습니다.
A 버스가 나을 것 같아요. 거기 가려면 어디서 버스를 타야 하나요?
B 아, 버스 정류장이 저쪽에 있습니다. 직진하시면 됩니다. 우측으로 약국이 보이면 거기서 좌회전하세요. 그럼 첫번째 모퉁이에 있을 겁니다. 찾기 쉬울 거예요.
A 아, 감사합니다. 그리고 한 가지 질문이 더 있습니다. 몇 번 버스를 타야 하나요? 제가 이곳이 처음이라 잘 알지 못해서요.
B 607번 버스를 타세요. 그런데 제 생각에는 시청까지 지하철을 타시는 게 나을 거 같아요. 이 시간에 항상 교통정체가 심하잖아요. 시청은 같은 지하철 노선에 있어서 갈아타지 않아도 됩니다.
A 네. 그럼 지하철 역이 어디 있는지 가르쳐 주시겠어요?
B 네. 저도 지하철 역으로 가는 중입니다. 같이 가시죠. 따라오세요.
A 정말 감사합니다.

### Learn More

1) **catch a bus**는 '버스를 타다'라는 뜻입니다. 따라서 catch a taxi는 '택시를 타다'라는 뜻입니다.
2) **pharmacy**는 '약국'이란 뜻으로, 영국에서는 chemist, 미국에서는 drugstore가 많이 쓰입니다.
3) **You can't miss it.**은 '절대 놓치지 않을 겁니다', 즉 반드시 찾을 수 있다, 찾기 쉬울 것이라는 뜻입니다.
4) **traffic is heavy**는 '교통이 혼잡하다'라는 의미로 차가 많이 막히는 것을 의미하며, **stuck in traffic**으로 표현하기도 합니다.

# unit 31 | Take me to the JFK Airport, please. JFK 공항으로 가주세요.

## Dialog

A  Good morning. **Where is it you would like to go?**
B  **Take me to the JFK Airport,** please.
A  All right.
B  1) **Can you drive as fast as you can, please?** I have to catch a ten o'clock flight.
A  **Oh, we're in a traffic jam right now, but I will try my best.**
B  Thank you.

★ ★ ★

A  The traffic is heavy, so I think you'd better take the subway, ma'am.
B  2) **Then, would you pull over in front of that station?**
A  Okay, **I'm sorry for not helping you.**
B  It's all right. 3) **What's the fare, please?**
A  The fare is $9.20.
B  Here is ten dollars. 4) **Keep the change.**
A  5) **Have a nice trip.**

---

**airport** 공항　　　　　**flight** 비행편　　　　　**traffic jam** 교통 체증
**try one's best** 최선을 다하다　**fare** 운임 요금　　　**change** 잔돈

# Situation Drill Level 2

## Let's Speak!

A 안녕하세요. 목적지가 어디신가요?
B JFK 공항까지 가주세요.
A 알겠습니다.
B 가능하면 빨리 좀 가주시겠어요? 10시 비행기를 타야 해서요.
A 어, 지금 교통 정체가 있기는 한데 최선을 다해 보겠습니다.
B 감사합니다.

\* \* \*

A 정체가 심해서 제 생각에는 지하철을 이용하시는 게 나을 거 같네요.
B 그럼, 저 역 앞에 좀 세워 주시겠어요?
A 네, 도와 드리지 못해서 죄송하네요.
B 괜찮습니다. 요금이 얼마죠?
A 9달러 20센트입니다.
B 여기 10달러입니다. 거스름돈은 가지세요.
A 좋은 여행 되세요.

## Learn More

1) **as fast as you can**은 '가능한 한 빨리'라는 뜻으로 as fast as possible이라는 표현으로 바꾸어 쓸 수 있습니다.
2) **pull over**는 '(차 등을) 세우다'라는 표현입니다.
3) **What's the fare?**는 택시에서 내릴 때 '요금이 얼마예요?'라고 묻는 표현입니다.
4) **Keep the change.** 택시를 탔을 때 거스름돈이 1달러 이하로 나오면 '잔돈은 가지세요.'라고 말하기도 합니다.
5) **trip**은 보통 짧고 재미있는 여행을 뜻하며, travel이라는 말로도 씁니다. journey는 보통 꽤 길고 힘든 여행을 말할 때 씁니다.

# unit 32 | I want to go there on the express bus. 고속버스로 가고 싶어요.

## Dialog

A   I'd like to go to New York. **How often does the bus come?**

B   **1) It comes every 30 minutes.**

A   **What time will the next bus leave?**

B   Let me check. It's 11:00. I think you just missed one. You have to wait another 30 minutes.

A   All right. By the way, how long will it take to get to New York on the 2) express bus?

B   It will take about one and a half hours. **It depends on the traffic.**

A   Okay. **How much do the tickets cost?** 3) **I'm going there with my wife and daughter.** So, two adults and a kid.

B   **Do you want one-way or round-trip tickets?**

A   **One-way tickets, please.**

B   It's $20 for an adult and $10 for a child.

A   Okay. Here's fifty dollars.

---

miss 놓치다     express 급행     depend on ~에 달려있다
adult 성인     one-way 편도의     round-trip 왕복의

## Situation Drill Level 2

### Let's Speak!

A 뉴욕에 가고 싶은데요. 버스가 얼마나 자주 오나요?

B 30분마다 옵니다.

A 다음 버스는 몇 시에 출발하나요?

B 확인해 보겠습니다. 11시네요. 제 생각에 방금 출발한 것 같아요. 30분 더 기다리셔야 합니다.

A 네, 그런데 고속 버스로 뉴욕까지는 얼마나 걸리나요?

B 약 1시간 30분 정도 걸립니다. 교통 상황에 따라 달라지고요.

A 네, 그럼 요금이 얼마죠? 제 아내와 딸을 데리고 갈 예정입니다. 그러니까 성인 두 명에 아이 하나요.

B 편도인가요 아니면 왕복인가요?

A 편도입니다.

B 어른은 20달러, 아이는 10달러입니다.

A 네, 여기 50달러 드리겠습니다.

### Learn More

1) **every ~ minutes**는 '매 ~분마다'라는 뜻입니다.
2) **express bus**는 '고속 버스'라는 뜻으로 highway bus라고 쓰기도 합니다.
3) **I'm going there**는 '거기에 갈 예정이다'라는 뜻으로 go, arrive, come, reach, leave, start 등의 동사는 현재진행 시제로 쓰임으로써 가까운 미래를 나타내기도 합니다.

# unit 33 | At the Bank
은행에서

## Dialog

A  **Next! Can I help you here?**

B  1) **I'd like to deposit this $1,000 check into my account.**

A  **Do you have an account with this bank?**

B  No, I don't.

A  2) **Then you should open an account first.** Do you want a checking account or a savings account?

B  **I will not withdraw any money for a while,** so a savings account will be better. **Can I get an ATM card with my account?**

A  No, I'm sorry, so I recommend the checking account for you.

B  Yes, please.

A  Would you fill out this application form? 3) **And I need some photo ID.**

B  **Here is my driver's license.**

---

deposit 입금하다         account 예금 계좌         checking account 보통 예금 계좌
savings account 저축 예금 계좌                     withdraw 인출하다
ATM 현금 자동 입출금기    recommend 추천하다        fill out 기입하다
driver's license 운전면허증   application form 신청서

## Situation Drill Level 2

### Let's Speak!

A 다음 분. 이쪽에서 모시겠습니다.
B 이 1,000달러 수표를 제 계좌에 입금하고 싶어요.
A 저희 은행에 계좌가 있으신가요?
B 아니요, 없습니다.
A 그러면 먼저 계좌를 개설해야 합니다. 보통 예금 계좌와 저축 예금 계좌 중 어떤 것을 원하세요?
B 당분간 출금하지 않을 거니까, 저축 예금 계좌가 더 좋겠네요. 현금 인출용 카드를 받을 수 있을까요?
A 죄송하지만 안 되네요. 그러면 보통 예금 계좌를 추천해 드릴게요.
B 네, 그렇게 하겠습니다.
A 이 신청서를 작성해 주시겠어요? 그리고 사진이 있는 신분증도 필요합니다.
B 여기 운전면허증이 있습니다.

### Learn More

1) **deposit A into B**는 'A만큼의 돈을 B에 예금하다'라는 뜻입니다. 보통 A에는 돈의 액수가 오게 됩니다.
2) **open an account**는 '계좌를 열다'라는 뜻으로, 여기서는 돈을 은행에 예치하기 위해서는 계좌가 먼저 있어야 되니 '계좌를 개설하세요'라는 의미로 쓰였습니다.
3) **photo ID**는 운전면허증(driver's license), 여권, 학생증 등 사진이 붙어있는 모든 신분증을 말합니다.

# unit 34 | At the Hospital
병원에서

## Dialog

A  Elle's Doctor's Office. May I help you?

B  Yes, 1) **I'd like to make an appointment to see Dr. Elle as soon as possible.**

A  **Is it an emergency?** 2) **She's currently busy with a patient.** You can see her at 2:00 p.m.

B  Yes, I'll be there at that time.

\* \* \*

C  How can I help you today?

B  I think I have a bad cold. **I took some painkillers, but the pain is not going away.**

C  **What are your symptoms?**

B  **I can't stop coughing, and my body aches all over.** 3) **I have a runny nose and fever.**

C  How long have you been feeling that way?

B  I have been feeling this way for about a week.

C  You have the flu. **That's nothing serious, though. I'll prescribe you some medicine.**

B  Thank you.

---

appointment 예약　　emergency 응급 상황　　currently 지금은, 현재는
patient 환자　　　　cold 감기　　　　　　painkiller 진통제
symptom 증상　　　 cough 기침하다　　　　ache 아프다
runny nose 콧물이 흐르는 코　fever 열　　　　flu 독감
though ~이지만　　 prescribe 처방하다　　 medicine 약

## Situation Drill Level 2

### Let's Speak!

A    엘 의원입니다. 무엇을 도와 드릴까요?

B    네, 가능하면 빨리 엘 선생님을 만나 보고 싶습니다.

A    응급 상황인가요? 지금은 다른 환자 때문에 바쁘세요. 오후 2시쯤 가능하십니다.

B    네, 그 시간에 가겠습니다.

* * *

C    무엇을 도와 드릴까요?

B    감기가 심하게 걸린 것 같아요. 진통제를 조금 복용했는데 그래도 낫질 않아요.

C    증상이 어떤 게 있나요?

B    기침이 멈추질 않고 몸이 다 아파요. 콧물이 나고 열도 나요.

C    그렇게 느낀 지는 얼마나 되었나요?

B    한 일주일 정도 됐어요.

C    독감이네요. 그래도 심각한 건 아니에요. 제가 약을 좀 처방해 드리겠습니다.

B    감사합니다.

### Learn More

1) **make an appointment**는 '약속을 정하다'라는 뜻이며, as soon as possible은 '가능한 한 빨리'라는 의미로 쓰입니다

2) **be busy with** ~는 '~하느라 바쁘다'라는 표현입니다.

3) **have a runny nose**는 '콧물이 흐르다'라는 뜻으로, nose runs, snivel이라는 표현도 있습니다.

# unit 35 | At the Pharmacy
약국에서

### Dialog

A  What can I do for you?
B  **Could you fill this prescription, please?**
A  All right. <sup>1)</sup> **I'll be back in a moment. Would you wait here for a minute?**
B  Okay.
A  Mr. Kim, **your prescription is ready.**
B  **How should I take the medicine?**
A  <sup>2)</sup> **You should take three pills three times a day after each meal.**
B  By the way, <sup>3)</sup> I have a sore throat.
A  <sup>4)</sup> Here is some throat spray. Use this when you have a sore throat.
B  **Does the medicine or throat spray have any side effects?**
A  The throat spray doesn't. But, as for the medicine, it may make you a bit sleepy. <sup>5)</sup> **So try not to drive if possible.** But it's okay to keep taking it for as long as you need.
B  I see. Thank you.

---

prescription 처방전　　pill 알약　　by the way 그런데
sore 아픈　　throat 목　　spray 분무기
side effect 부작용　　sleepy 졸린

## Situation Drill Level 2

### Let's Speak!

A 무엇을 도와 드릴까요?
B 이 처방전 약을 좀 받을 수 있을까요?
A 네, 금방 돌아오겠습니다. 여기서 잠시만 기다려 주시겠어요?
B 네.
A 김 선생님, 약 준비되었습니다.
B 이 약을 어떻게 복용해야 하나요?
A 하루 세 번 매 식후 세 알씩 복용하세요.
B 그런데, 제가 인후통이 있습니다
A 여기 인후 분무제를 드리겠습니다. 목 아플 때 사용하세요.
B 약이나 분무제에 다른 부작용 같은 건 없나요?
A 인후 분무제에는 부작용이 없습니다. 하지만 약은 복용 시 조금 졸릴 수가 있습니다. **그러니 되도록 운전은 삼가세요.** 하지만 원하는 기간 동안 지속적으로 복용하는 것은 괜찮습니다.
B 알겠습니다. 감사합니다.

### Learn More

1) **in a moment**는 '곧'이라는 뜻으로 in a few moments라는 말로 바꾸어 쓸 수 있습니다.
2) **three pills three times a day after each meal**은 '하루 세 번 매 식후 세 알씩'이라는 뜻입니다.
3) **I have a sore throat.**는 '목이 아프다'라는 의미입니다.
4) **throat spray**는 '목에 뿌리는 약'이란 뜻입니다.
5) **if possible**은 '가능하다면'이라는 뜻입니다.

# unit 36 | At the Post Office
우체국에서

## Dialog

A   Next please. Hi! How can I help you?

B   Hi, **I'd like to send this package to Korea.**

A   Okay, let me see. **What's in the package?**

B   ¹⁾ Clothes.

A   Right. ²⁾ **Let me weigh it.** ³⁾ **Are you sending it by regular mail?**

B   How long will it take?

A   **About one week by regular mail and about four or five days by express mail.**

B   Well, there's no hurry. I'll send it by regular mail.

A   Then that will be twenty dollars. **Would you like to insure your package?** ⁴⁾ **It will cost an additional $5.**

B   Yes. I'll take the insurance.

A   **Please put this sticker on the package.**

---

package 소포
send 보내다
insure 보험에 들다
sticker 스티커

clothes 옷, 의복
regular mail 일반 우편
additional 부가의, 추가의

weigh 무게를 재다
express mail 빠른 우편
insurance 보험

## Situation Drill Level 2

### Let's Speak!

A   다음 분이요. 안녕하세요! 무엇을 도와 드릴까요?

B   안녕하세요. **이 소포를 한국으로 보내고 싶어요.**

A   네, 어디 볼까요. 소포 안에는 뭐가 들었죠?

B   옷들이요.

A   네, 무게를 재보겠습니다. 일반 우편으로 보내실 건가요?

B   시간이 얼마나 걸리죠?

A   일반 우편으로는 약 일주일 정도 걸리고 빠른 우편으로는 약 4~5일정도 걸립니다.

B   음, 급하지 않으니까, 일반 우편으로 보낼게요.

A   그럼, 20달러입니다. 소포에 보험을 드시겠어요? 추가로 5달러가 더 들어갑니다.

B   네, 보험에 들겠어요.

A   이 스티커 좀 소포에 붙여 주세요.


### Learn More

1) **clothes**는 cloth(천)의 복수형으로 '의복, 옷'이라는 뜻입니다.
2) **weigh**는 '무게를 재다'라는 뜻입니다. 길이나 너비, 높이, 거리를 잴 때에는 measure 라는 단어를 씁니다.
3) **regular mail**은 '일반(보통) 우편'입니다.
4) **additional**은 '부가의, 추가의'라는 뜻으로 여기서는 원래 요금 외에 추가 요금이 더 있다는 뜻입니다. 명사형은 addition, 부사형은 additionally 입니다.

# unit 37 | At the Laundromat
세탁소에서

## Dialog

A  I'm here to have this coat dry cleaned.

B  Sure. Is there anything else?

A  By the way, there's a stain on that coat. Could you see if you can remove it?

B  1) **We'll do our best, but I can't guarantee anything.**

A  **There's something wrong with my washing machine.** 2) It won't spin. So do you wash and fold clothes, too?

B  Sure. **Do you want us to deliver it, too?**

A  Yes, please. **How soon can I get it back?**

B  3) **It will be ready by the day after tomorrow in the afternoon.**

A  Okay. Then I will leave my address here.

B  **I'll be at your place on Friday.** I hope that your machine starts working soon. **Why don't you call the service center?**

A  Oh, I think I should. Thank you.

---

dry clean 드라이 클리닝하다  stain 얼룩  remove 제거하다
guarantee 보증하다  wash and fold (옷을) 빨아서 개다
deliver 배달하다  work 움직이다, 작동하다

## Situation Drill Level 2

### Let's Speak!

A  이 외투 좀 드라이클리닝 할 수 있을까요?

B  물론이죠. 다른 건 더 없나요?

A  그런데, 여기 얼룩이 좀 있어요. 지워질 수 있는지 좀 봐주시겠어요?

B  최선을 다해 보겠습니다. 하지만 보장할 수는 없을 것 같네요.

A  제 세탁기에 문제가 좀 있어서 돌아가질 않아요. 그래서 이 옷들도 세탁해서 개어 주실 수 있나요?

B  네, 배달도 원하세요?

A  네, 언제쯤 받을 수 있나요?

B  모레 오후까지면 가능할 것 같습니다.

A  네, 그럼 여기 제 주소를 남겨 놓겠습니다.

B  금요일까지 가겠습니다. 빠른 시간 내에 세탁기가 다시 작동하길 바랄게요. 서비스센터에 연락해 보지 그러세요?

A  아, 그래야겠네요. 감사해요.

### Learn More

1) **do our best** '최선을 다하다'는 뜻으로 do one's best, 또는 try one's best의 표현을 사용합니다.

2) **It won't spin.** 에서 spin은 '회전하다'라는 뜻으로, It won't spin.은 '세탁기가 돌아가지 않는다(작동하지 않는다)'라고 해석합니다.

3) **the day after tomorrow**는 '모레'를 나타내는 용어로, '글피'는 two days after tomorrow 또는 three days from now라고 표현합니다.

# unit 38 | Answering Phone Calls at Home 집에서 전화 받기

### Dialog

A  Hello, ¹⁾ **Can I speak to Kim, please?**

B  ²⁾ ³⁾ **I believe you've got the wrong number.** This is 623-6380.

A  Uh, I'm sorry.

\* \* \*

A  Hi, **this is Elle. I'm sorry, but I can't take your call right now.** ⁴⁾ **So please leave your name, number, and a brief message after the tone. I'll get back to you as soon as possible.** Thank you.

B  Hello, this is Kim from your chemistry class. I was just wondering why you didn't come to school today. ⁵⁾ **Won't you give me a call when you get a chance? I need to tell you about today's homework.** Bye.

---

**believe** 믿다, 생각하다   **wrong** 잘못된   **right now** 지금 당장
**leave** 남기다   **brief** 간단한   **message** 메시지, 용건
**tone** 신호음   **chemistry** 화학   **chance** 기회

### Situation Drill Level 2

#### Let's Speak!

A 여보세요, 김과 통화할 수 있을까요?
B 전화를 잘못하신 것 같네요. 이 번호는 623-6380번입니다.
A 아, 죄송합니다.

\* \* \*

A 안녕하세요, 엘입니다. 죄송하지만 지금 전화를 받을 수가 없습니다. 신호음이 끝난 후에 이름과 전화번호, 그리고 간단한 용건을 남겨 주세요. 가능한 한 빨리 연락 드리겠습니다. 감사합니다.
B 안녕, 화학수업 같이 듣고 있는 김이야. 오늘 네가 결석한 것 때문에 궁금해서 전화했어. 시간 나면 전화 좀 줄래? 오늘 과제 때문에 할말이 있어. 안녕.

#### Learn More

1) **Can/May I speak to ~?**는 '~와 통화하고 싶습니다'라는 뜻으로 전화통화에서 쓰이는 표현입니다. Is ~ in? 또는 Is ~ there?로 바꾸어 쓸 수 있습니다.
2) **I believe** 여기서는 '~인 것 같은데요'라는 뜻으로 I think와 비슷한 표현이며, 이런 상황에서는 I'm afraid라는 표현을 쓸 수도 있습니다.
3) **You've got the wrong number.**는 '전화를 잘못 거셨습니다.'라는 의미로 You have called the wrong number.라는 말로 바꾸어 쓸 수도 있습니다.
4) **after the tone**은 '신호음이 끝난 후에', '삐 소리가 난 뒤에'라는 의미로 여기서 tone은 '삐' 하는 신호음을 가리킵니다. after the beep이라는 표현으로 바꾸어 쓸 수도 있습니다.
5) **give me a call**은 '나한테 전화해 줘'라는 의미로, 간단히 call me라는 표현을 쓸 수 있습니다.

# unit 39 | Calling from a Home Phone
집 전화로 전화 걸기

## Dialog

A   Hello. You've reached Elle's International. How can I help you?

B   Good morning. My name is Danny Kim. 1) **I'm calling about the job you advertised in Friday's paper. Is the job still available?**

A   Yes, it is. **Have you worked as a receptionist before?**

B   Yes, 2) **I used to work for another international company.**

A   **Oh, that sounds great.** Can you come in for an interview tomorrow at 1:00?

B   No, **I'm sorry, but I can't. Could you make it later?**

A   Yes. How about tomorrow at 2:30 then?

B   3) Yes, I'll be there.

A   Okay, Mr. Kim. 4) **Can I have your phone number?**

B   Yes. 704-1734.

A   **I'll see you tomorrow at 2:30 then.** 5) By the way, do you have a reference letter from the company where you used to work?

B   Yes, I do. I'll bring it with me tomorrow.

---

reach ~에 전화하다
job 일자리
interview 면접
international 국제적 기업, 국제의
advertise 광고하다
make it 만나기로 하다
receptionist 접수원
reference letter 추천서

## Situation Drill Level 2

### Let's Speak!

A 안녕하세요. 엘스 인터내셔널입니다. 무엇을 도와 드릴까요?
B 안녕하세요. 제 이름은 대니 김입니다. 금요일 신문에 실렸던 구인광고 보고 전화 드렸습니다. 아직 지원이 가능한가요?
A 네, 예전에 접수원 일을 해보신 적이 있으신가요?
B 네, 다른 국제상사에서 일한 적이 있습니다.
A 오, 잘됐네요. 내일 1시까지 면접 보러 오실 수 있나요?
B 죄송하지만 안 될 것 같네요. 시간을 좀 늦춰 주실 수 있나요?
A 네, 그럼 내일 2시 30분이면 어떠시겠어요?
B 네, 그렇게 하겠습니다.
A 알겠습니다. 전화번호 좀 알려 주실 수 있나요?
B 네, 704-1734입니다.
A 그럼 내일 2시 30분에 뵙겠습니다. 그런데, 전에 일했던 회사에서 받은 추천서는 있으신가요?
B 네, 내일 가져가겠습니다.

### Learn More

1) **I'm calling about** ~은 '전화한 이유는 ~입니다'라고 말할 때 사용합니다.
2) **used to** ~는 '예전에 ~했었다'는 표현으로 뒤에 동사 원형이 옵니다. 반면 be used to ~는 '~에 익숙해져 있다'는 뜻으로 뒤에 동명사나 명사가 옵니다.
3) **I'll be there.**는 '거기에 가겠다.'는 뜻입니다.
4) **Can I have your phone number?**는 전화번호를 물을 때 쓰는 표현입니다.
5) **a reference letter**(추천서)는 a letter of recommendation이라고도 합니다.

# unit 40 | At the Ticket Office
매표소에서

## Dialog

A Hi. **Do you have two tickets available for the seven o'clock concert?**

B **Let me check.** I'm sorry. <sup>1)</sup> **It's standing room only.** We have some tickets for three o'clock, though.

A Hmm. How long does the play run?

B **It runs about two and a half hours.**

A Then, what kind of seats do you have?

B All we have left are the seats in the back. **It's a very popular concert.**

A Okay. <sup>2)</sup> **I think I'll have to go with those.** How much are they?

B They're $50. <sup>3)</sup> **You should be in the room at a quarter to three,** <sup>4)</sup> **which is fifteen minutes before the concert starts.**

A **Two forty-five.** Okay. Do you take plastic?

B Yes, we do.

---

**available** 가능한  **play** 공연  **run** 상연하다
**popular** 인기 있는  **quarter** 15분

### Situation Drill Level 2

#### Let's Speak!

A 안녕하세요. 7시 공연 표 두 장 구매 가능한가요?
B **확인해 보겠습니다.** 죄송하지만 **입석만 남아있네요.** 3시 공연 표는 몇 장 남아 있습니다.
A 음, 공연 시간이 얼마나 되죠?
B **대략 두 시간 반 정도 됩니다.**
A 그럼, 좌석은 어떤 곳이 남아 있나요?
B 남아있는 좌석이 모두 뒤쪽 좌석이네요. **매우 인기 있는 공연이라서요.**
A 네. **구매하겠습니다.** 얼마인가요?
B 50달러입니다. 공연 15분 전까지는 입장하셔야 합니다. 3시 15분 전까지요.
A 2시 45분까지요, 알겠습니다. 카드도 받습니까?
B 네, 그렇습니다.

#### Learn More

1) **standing room**은 '(극장의) 입석'을 뜻하는 말로 '입석 외 만원'이라는 표현을 할 때는 보통 S.R.O.(standing room only)라고 줄여서 표현합니다.
2) **I'll have to go with those**에서 go with는 '~와 동행하다'는 뜻으로 여기서는 '그 표를 가지고 가야겠다', 즉 '그 표를 사야겠다'는 의미입니다.
3) **should be in the room**은 '공연장에 입장해야 한다'는 뜻입니다.
4) **fifteen minutes before the concert starts**는 '공연이 시작하기 15분 전'이라는 뜻입니다.